ACTE II, SCÈNE X.

VOULOIR, C'EST POUVOIR,

COMÉDIE EN DEUX ACTES, MÊLÉE DE CHANT,

Par MM. Ancelot et Alexis de Comberousse,

REPRÉSENTÉE POUR LA PREMIÈRE FOIS SUR LE THÉÂTRE DU VAUDEVILLE, LE 24 JUIN 1837.

PERSONNAGES.	ACTEURS.	PERSONNAGES.	ACTEURS.
CHARLES II, roi d'Espagne et des Indes, âgé de moins de 15 ans . .	Mme E. Taigny.	UN SOLDAT	M. Ludovic.
Le Marquis de SANTA-CRUX, généralissime et gouverneur du jeune roi , ...	M. Fontenay.	UN VALET. . . . . , . . . MARIE-ANNE D'AUTRICHE, veuve de Philippe IV, mère de Charles II, reine régente.	M. Eugène.
RUY GOMÈS, lieutenant au régiment de Castille.	M. E. Taigny.	La Duchesse D'ASCOLI, 1re dame d'honneur de la reine	Mme Guillemin. Mme Albert.
INIGO, domestique du roi	M. Ballard.	DOÑA CABRERA, tante de la duchesse d'Ascoli	Mme Dumont.
UN HUISSIER	M. Charles.	SEIGNEURS ET DAMES DE LA COUR, VALETS, ETC.	
UN OFFICIER	M. Achille.		

L'action se passe en 1676. Au 1er acte, au château d'Ascoli; au 2me acte, au palais de l'Escurial, à Madrid.

Toutes les indications sont prises de droite et de gauche du public.

ACTE PREMIER.

Le théâtre représente un salon gothique. Porte au fond. Portes latérales au premier plan. Au troisième, à gauche, une autre porte. Au fond, à droite du spectateur, large fenêtre avec balcon praticable. Chaises, fauteuils, etc.

SCENE PREMIERE.

LA DUCHESSE, puis DOÑA CABRERA, RUY GOMÈS.

Au lever du rideau, la duchesse est assise à gauche et travaille près d'une table.
Air *de M. Hormille.* (Avis aux Coquettes.)
LA DUCHESSE.

Grâce à Dieu, me voilà tranquille,
Et j'ai pris le meilleur moyen;
De ce jeune homme, en cet asile,
Désormais je ne crains plus rien.

Depuis trois mois, sur mon passage,
Partout il fallait le trouver :
C'est à moi d'être la plus sage,
Et j'ai dû fuir..... pour le sauver.

ENSEMBLE.

Grâce à Dieu, me voilà tranquille,
RUY GOMÈS, *entrant vivement par le fond.*
Mon espoir n'était point stérile!
Elle est ici!... tenons-nous bien :
J'ai su découvrir son asile,
Enfin quel bonheur est le mien!

(22)

(*Il se retourne.*) Allons!...... encore cette vieille femme!.. Où me cacher?.. Ah! ici.

Il se glisse dans un cabinet, à gauche; au bruit qu'il fait, la duchesse jette les yeux vers lui.

LA DUCHESSE, *se levant vivement.* Ah! mon Dieu!... je ne crois pas me tromper.

DONA CABRERA, *accourant, essoufflée, par le fond.* Ma nièce!... ma nièce!...

LA DUCHESSE. Eh bien! ma tante, qu'y a-t-il donc?

DONA CABRERA, *s'asseyant.* Il y a, ma chère enfant, que je suis bien heureuse de me retrouver près de toi!... Je viens d'avoir une belle peur, va!...

LA DUCHESSE. Peur?...

DONA CABRERA. Je t'en réponds.

LA DUCHESSE. Et de quoi?

DONA CABRERA. D'un jeune homme.

LA DUCHESSE. Ah!...

DONA CABRERA. Ou plutôt d'un démon, car il n'y a que l'ennemi du genre humain qui puisse s'attaquer ainsi à une femme comme moi.

LA DUCHESSE. Et où était ce jeune homme... ou ce démon?

DONA CABRERA. Sur le mur du jardin, tout debout!... Il a au moins six pieds.

LA DUCHESSE, *souriant.* Oh!..

DONA CABRERA. Figure-toi que je me promenais tranquillement sous les grands citronniers, mon livre d'heures à la main, quand tout-à-coup je l'aperçois : il s'élance, tombe devant moi, se relève, me lance un regard flambloyant, fait une grimace épouvantable... et disparaît.

LA DUCHESSE. De quel côté?...

DONA CABRERA. De quel côté?... Eh! bon Dieu, est-ce que je le sais? J'avais une telle frayeur que je n'ai songé qu'à me sauver, et je me suis bien gardée de tourner la tête!...

LA DUCHESSE, *à part.* Je devine!... c'est lui!... il est là!... (*Elle indique le cabinet. Haut.*) Pauvre tante!...

DONA CABRERA. C'est ta faute aussi!... Quitter la cour sans rien dire à personne, sous prétexte qu'il sera plus convenable d'attendre dans ton château d'Ascoli le moment fixé pour ton mariage avec le marquis de Santa-Crux!... Quelle folie!... Deux femmes seules! s'exposer...

LA DUCHESSE. Et quel danger voulez-vous que nous courions ici, entourées de nombreux serviteurs?

DONA CABRERA. Quel danger?... Quand il n'y aurait que cette horrible apparition, et la course qu'elle m'a fait faire!..... Je suis en nage!... (*Elle tire son mouchoir de sa poche, une lettre en tombe.*) Qu'est-ce que cela?

LA DUCHESSE. Une lettre!... (*Elle la ramasse et lit l'adresse.*) « A Dona Cabrera, » pour remettre à sa nièce, la duchesse » d'Ascoli. »

DONA CABRERA. Comment?... mais personne ne m'a chargée!... Vois donc ce que c'est.

LA DUCHESSE, *ouvrant la lettre.* Oui, voyons. (*Elle lit.*) « Madame, je profite » d'un moment où votre respectable tante » s'humilie devant le Seigneur pour glis- » ser dans sa poche...»

DONA CABRERA. Qu'entends-je?..... à l'église!... Quelle impiété!

LA DUCHESSE, *continuant de lire.* « Pour » glisser dans sa poche cette missive qu'elle » se hâtera sans doute de vous remettre. » J'ai un ami, madame, que j'aime comme » un frère ; il est jeune, plein de cœur et de » loyauté, mais d'un caractère aventureux » et romanesque ; il n'a pu vous voir sans » perdre la raison. Simple lieutenant au ré- » giment de Castille, il prétend qu'il peut » aimer une duchesse et s'en faire aimer tout » aussi bien que d'une simple villageoise; » qu'avec un sentiment profond dans le » cœur rien n'est impossible; qu'alors vou- » loir c'est pouvoir, et que, pour vous plaire, » s'il faut qu'il devienne grand d'Espagne, » ou général, il le deviendra. Je crains » que, dans son exaltation, il ne finisse » par vous compromettre et par s'attirer » votre colère, et c'est pour le sauver de » ce malheur que je me décide à trahir » son secret. Je vous en supplie, madame, » soyez indulgente pour un pauvre jeune » homme, et, quoi qu'il fasse, dites-vous à » vous-même qu'il ne serait pas coupable » s'il ne vous avait pas vue. »

DONA CABRERA. Qu'est-ce que tout cela signifie?

LA DUCHESSE. Mais, ma tante, cela me paraît assez clair : c'est un jeune homme qui m'aime.

DONA CABRERA. Un simple lieutenant!... Et la duchesse d'Ascoli, dame d'honneur de l'auguste reine et régente d'Espagne, Marie d'Autriche, le souffrirait!...

LA DUCHESSE. Il faudrait d'abord savoir comment l'empêcher.

DONA CABRERA. Ah! si j'étais à ta place, comme je ferais jeter l'insolent en prison!

LA DUCHESSE. Je crois qu'il est un meilleur moyen de le faire repentir de sa folie.

DONA CABRERA. Lequel?

LA DUCHESSE. L'indifférence.

DONA CABRERA. Oui, oui, on commence toujours par là... Mais après!.... surtout avec des têtes pareilles!...

LA DUCHESSE. Ah! ma tante!... Quand, plutôt que de céder aux persécutions des plus jeunes et des plus élégans seigneurs de la cour, j'ai pris la résolution, après deux années de veuvage, d'épouser un homme d'un âge mûr, le marquis de Santa-Crux, général illustre et gouverneur de notre jeune roi, ce ne sera pas certes pour succomber devant les poursuites d'un lieutenant au régiment de Castille, dont je ne sais pas même le nom.

DONA CABRERA. Dieu le veuille!... Une seule chose me rassure, c'est que le marquis de Santa-Crux doit arriver aujourd'hui même. Ah! mais j'y songe!... Ce jeune homme que j'ai pris pour un démon, et qui tout-à-l'heure... Ah! mon Dieu, si c'était lui?

LA DUCHESSE. Qui sait?...

DONA CABRERA. Je cours à l'instant faire visiter le jardin, le château, commander qu'on lève le pont, qu'on veille à toutes les portes!... Je ne serai un peu tranquille que quand je me serai bien assurée que cet audacieux lieutenant ne peut arriver jusqu'à moi... ou jusqu'à toi.

Elle sort vivement par le fond.

SCÈNE II.
LA DUCHESSE, *puis* RUY GOMÈS.

LA DUCHESSE, *seule*. Si cette pauvre tante savait qu'il est là!... Ah! monsieur le lieutenant! malgré le soin que j'ai pris de vous tenir à distance (car votre continuelle obsession et vos amoureux regards m'avaient fait tout deviner), malgré mon départ de Madrid, vous persistez!... Plein de votre impertinente maxime, vous vous introduisez frauduleusement dans ma retraite, et vous pensez que, si vous parveniez à me parler, je ne saurais résister à votre éloquence;... que tout serait gagné pour vous?... Eh bien! soit! vous allez me parler!... à l'instant!... Je ne veux pas que vous gardiez plus long-temps une illusion qui vous perdrait : votre tête est plus malade que votre cœur, et je vais la guérir!... Cela vaut mieux que les verroux et les grilles de ma bonne tante : oui, point d'esclandre, mais un congé bien clair et bien formel!... (*Elle va ouvrir la porte du cabinet, et élève la voix.*) Sortez, monsieur!.. monsieur!... vous pouvez sortir.

RUY GOMÈS, *sortant du cabinet*. Quoi, madame!... vous saviez que j'étais là, et vous ne m'avez pas fait chasser, et vous m'appelez près de vous?...

LA DUCHESSE. Oui, monsieur, je vous prie même de vous asseoir.

Elle se place sur un fauteuil.

RUY GOMÈS, *prenant un tabouret avec empressement et l'approchant du fauteuil de la duchesse.*) Oh! que je suis heureux!

LA DUCHESSE. Un peu plus loin, je vous en supplie. (*Il recule un peu.*) Et maintenant, comment vous nommez-vous?

RUY GOMÈS. Ruy Gomès, madame, lieutenant...

LA DUCHESSE. Au régiment de Castille, oui, oui, je sais.

RUY GOMÈS. Ah!...

LA DUCHESSE. Eh bien! monsieur Ruy Gomès, depuis long-temps je désirais trouver l'occasion de vous parler.

RUY GOMÈS. Quel bonheur, madame!...

LA DUCHESSE. Mais il sera de courte durée. Ah çà! vous croyez donc m'aimer, monsieur?

RUY GOMÈS. Oh! madame!...

LA DUCHESSE. Eh bien! vous m'aimez, c'est possible!... nous ne disputerons pas là-dessus. Mais, ce qui est beaucoup plus curieux, c'est que vous êtes certain que je vous aimerai.

RUY GOMÈS. Madame!...

LA DUCHESSE. Vous le pensez, et vous l'avez dit!... Vous voyez que je sais tout...

RUY GOMÈS. Oh! cela ne m'effraie point!... Qui donc aimerait sans espoir, madame?

LA DUCHESSE, *à part*. Il ne se déconcerte pas.

RUY GOMÈS. Quand, il y a six mois, vous ignoriez qu'à Madrid, près de votre maison, existait un jeune homme dont l'unique pensée, l'unique but, l'unique désir en ce monde était d'entendre un jour votre voix lui adresser une parole, fût-elle d'indifférence ou de colère; quand je croyais qu'il me faudrait des années pour obtenir ce bonheur, et que tout-à-coup me voilà devant vous, que vous me parlez, que vous savez mon nom, tout ce que j'ai fait pour vous voir, enfin que je vous aime!... dites, madame, dites, ai-je tort d'avoir foi dans mon amour et de croire que la moitié de mon rêve est accomplie?

LA DUCHESSE. A la bonne heure!... mais je crains bien que vous n'en restiez là; car, pour que l'autre moitié se réalisât, il faudrait que j'y misse un peu de bonne volonté, et, si j'ai désiré vous parler, c'est pour vous dire, monsieur, que je ne m'y sens pas du tout disposée, que votre amour est une folie, et que ce que vous avez de mieux à faire, c'est d'y renoncer.

Elle se lève.

RUY GOMÈS, *se levant aussi*. Impossible, madame....

LA DUCHESSE. Il faudra bien que cela se puisse, car c'est la première et la dernière fois qu'il vous sera permis de me voir.

RUY GOMÈS. Que dites-vous ?..

LA DUCHESSE. Que des ordres sont déjà donnés, et je m'en félicite, pour que désormais tout moyen vous soit enlevé de pénétrer dans ces lieux et d'arriver jusqu'à moi.

RUY GOMÈS. Quoi !... c'est par la force, c'est par la violence, que vous prétendez ?... Ah ! merci, merci mille fois.... je n'espérais pas tant de votre bonté...

LA DUCHESSE. Vous vous contentez de peu... mais je ne comprends pas...

RUY GOMÈS. Vous ne comprenez pas ? Comment, madame ! vous n'aviez qu'un mot à dire pour m'ôter tout pouvoir et toute volonté, et vous ne le dites point !.. Il suffisait d'un seul désir exprimé par vous pour que vous me vissiez m'éloigner à jamais d'ici, et vous ne l'exprimez point ! Vous me traitez en ennemi dont on veut essayer le courage ! c'est un défi que vous m'adressez !.. Et vous ne voulez pas que je sois fou de joie, ivre de bonheur ?..

Air : des Frères de lait.

Ah ! je l'accepte avec reconnaisance,
L'heureux défi que je n'osais prévoir !
Vous prétendez fatiguer ma constance,
Et vous avez ranimé mon espoir !
Vaincre à présent est mon premier devoir !
Oui, cet amour qui veille dans mon ame
Triomphera, j'en suis bien convaincu !...
Mais, cette fois, c'est le vainqueur, madame,
Qui portera les chaînes du vaincu !

LA DUCHESSE. Eh non ! monsieur, ce n'est point un défi...... c'est tout simplement un avis charitable que j'ai voulu vous donner : pénétrez-vous-en bien ! Les ordres dont je viens de parler sont une mesure purement de précaution pour ménager votre temps... et le mien... Il est probable même que votre raison les rendra superflus. Cette conversation n'ayant pas d'autre but, peut-être jugerez-vous à propos...

RUY GOMÈS. Madame, vous venez de rassembler dans quelques paroles tout ce que vous avez pu trouver de plus dédaigneux et de plus humiliant; vous me croyez terrassé ?... vous ne connaissez pas Ruy Gomès, madame...... Quand vous les prononciez, ces cruelles paroles, je n'écoutais que le son de votre voix qui vibrait délicieusement à mon oreille, je ne voyais que votre regard qui, fixé sur le mien, pénétrait jusqu'à mon ame ! voilà tout ce que j'ai voulu comprendre, tout ce que j'ai entendu, et, malgré vous, c'est du bonheur que j'emporte avec moi !

LA DUCHESSE, *à part.* Il est difficile à décourager...... (*Haut.*) Puisqu'il en est ainsi, monsieur, je vous déclare, moi, que vos prétentions me paraissent d'une opiniâtreté au moins étrange ; que, si vous y mettez de l'obstination, j'y mettrai de l'entêtement ; que ce que vous emploierez de finesse et de ruse pour parvenir jusqu'à moi, je l'emploierai à mon tour pour vous en ôter les moyens, et nous verrons alors si vous ne vous lasserez pas de m'aimer...

RUY GOMÈS. Me lasser de vous aimer ! Oh ! madame, bien des choses sont en votre pouvoir ; mais m'enlever mon amour ?.. Ah ! fussiez-vous la reine régente Marie d'Autriche, je vous en défierais !.. Et daignez retenir ceci... maintenant il ne se passera pas un jour sans que je trouve le moyen de me rappeler à votre pensée !... Epiant sans cesse l'occasion de vous voir, l'attendant des heures entières, ne perdant pas une minute pour la saisir, quelquefois la faisant naître, ici, ailleurs, au bout du monde, partout; si je ne puis parler, ma présence, mes gestes, mes regards, tout vous dira que je n'ai pas cessé de vous aimer.

LA DUCHESSE, *allant près d'un meuble à droite.* Fort bien, monsieur... (*Elle sonne.*) Mais, en attendant le retour dont vous me menacez, permettez que je m'assure de votre départ. (*A un valet qui entre.*) Conduisez monsieur par la porte du parc. (*Elle parle bas au domestique.*) Vous avez compris?

Elle lui donne la clef de la porte à droite.

LE DOMESTIQUE. Oui, madame ; soyez tranquille.

LA DUCHESSE. C'est bon... allez ! (*Elle fait la révérence à Ruy Gomès.*) Et vous, monsieur, recevez mes salutations.

RUY GOMÈS. Adieu, madame !... Cherchez, inventez, multipliez les obstacles : dans deux heures vous me reverrez.

Il sort avec le domestique qui a ouvert la porte.

∞∞∞∞∞∞∞∞∞∞∞∞∞∞∞∞∞∞∞∞∞∞∞∞∞

SCENE III.
LA DUCHESSE, seule.

Dans deux heures vous me reverrez.... C'est qu'il dit cela d'un air à vous effrayer! Heureusement je puis m'en rapporter aux précautions de ma tante... et à celles que je prends moi-même ! (*Elle retire la clef et la met dans sa poche.*) C'est égal, je suis bien aise que ma tante soit ici ; car si j'étais seule... A-t-on jamais vu une tête pareille, un fou plus exalté ?.. Et, il faut en convenir, plus amusant ?.. Si pourtant l'on était coquette le moins du monde ?.. C'est que je connais beaucoup de femmes de la cour qui seraient charmées d'enchaîner un semblable soupirant !.. Il a une confiance, un enthousiasme, une opiniâtreté de résolution...

Air *de la Marraine.*

C'est vainement qu'on l'exila,
L'obstacle l'enflamme et l'excite;
Et, j'en conviens, cet amour-là,
Dans certains cas, a son mérite !...
A le fuir on met tous ses soins;
Folle espérance qu'il nous ôte !...
Mais, si l'on cède, on peut au moins
Dire : ce n'est pas ma faute !

SCENE IV.

LA DUCHESSE, DONA CABRERA, *puis* **LE MARQUIS DE SANTA-CRUX.**

DONA CABRERA, *entrant.* Ma chère nièce, je viens t'annoncer une bonne nouvelle : le marquis de Santa-Crux descend à l'instant de voiture dans la cour du château.

LA DUCHESSE. Le général?

DONA CABRERA. Lui-même ! il marche sur mes pas... le voici.

LA DUCHESSE, *à part.* Il était temps de congédier M. le lieutenant.

SCENE V.

LA DUCHESSE, SANTA-CRUX, DONA CABRERA.

SANTA-CRUX, *s'avançant vivement vers la duchesse, et lui baisant la main.* Chère duchesse, je vous revois enfin !.. j'ai cru que je n'arriverais jamais jusqu'à vous.

LA DUCHESSE. Comment donc, monsieur? Auriez-vous couru quelques dangers?

SANTA-CRUX. Eh! mon Dieu, madame, le plus grand de tous pour moi, celui de ne pas vous voir.

LA DUCHESSE. Pourquoi cela?

SANTA-CRUX. Figurez-vous, madame, qu'à deux lieues environ de votre château, ma voiture a été arrêtée par six individus masqués qui, la dague et le pistolet au poing, m'ont subitement barré le passage.

DONA CABRERA. Jésus !.. les scélérats !..

LA DUCHESSE. O mon Dieu !

SANTA-CRUX. Toute résistance était inutile : pourtant, comme ces messieurs ne m'imposaient d'autre obligation que celle de rebrousser chemin, j'ai compris tout de suite que ce n'étaient pas des brigands, mais sans doute des gens qui avaient intérêt à ce que je n'arrivasse pas jusqu'ici.

LA DUCHESSE, *à part.* Je devine... nouvelle folie de M. Ruy Gomès !

SANTA-CRUX. Heureusement, je connais le pays beaucoup mieux que ceux qui m'ont arrêté, et, en prenant les chemins de traverse...

LA DUCHESSE. Mais quel intérêt, supposez-vous, je vous prie ?...

SANTA-CRUX. Mon Dieu!... un bien simple... les espérances et les prétentions de quelque rival...

LA DUCHESSE. Ah! je ne puis croire qu'on osât se permettre...

SANTA-CRUX. Regardez-vous donc au miroir, madame.

DONA CABRERA. Allons, allons; si ce sont là les leçons que notre jeune monarque reçoit de vous, jamais roi plus galant ne se sera assis sur le trône des Espagnes.

SANTA-CRUX. Oh ! ne me parlez pas de mon royal élève, je vous en prie !.. Jamais prince ne donna plus de soucis à son gouverneur. Il n'y a que deux jours que je l'ai quitté, contraint avant de me rendre ici de visiter mon château d'Alméida, où je compte vous recevoir... eh bien ! je ne vous cache pas que je suis dans les transes... Moi seul j'ai quelque empire sur le jeune Charles II, et je ne serais pas étonné que, depuis mon départ, il eût déjà fait cent folies.

DONA CABRERA. Et les folies d'un roi...

SANTA-CRUX. Celui-ci n'est encore qu'un enfant, mais l'enfant le plus espiègle et le plus singulier... Ne se figure-t-il pas qu'un roi doit connaître son peuple et son royaume?... Aussi ne songe-t-il qu'au moment où il pourra parcourir l'Espagne et causer avec tous ceux qui se rencontreront sur son chemin.

DONA CABRERA. Il prépare là une jolie besogne à ses ministres.

SANTA-CRUX. Oh ! idées d'enfant !.. ça ne durera pas !... quand il sera grand, il fera comme les autres.

DONA CABRERA. C'est probable !.. Mais, j'y pense, monsieur le marquis, la course que vous avez faite doit vous avoir fatigué.

SANTA-CRUX. Je suis quelque peu brisé, j'en conviens.

LA DUCHESSE. Eh bien, ma tante et moi, nous allons vous conduire à votre appartement.

SANTA-CRUX. Que vous êtes bonne !..

Air : *Venez, qu'en mes bras je vous presse.* (Sir Hugues de Guilfort.)

ENSEMBLE.

LA DUCHESSE *et* **DONA CABRERA.**

Dans vos traits la fatigue perce,
Vous serez bientôt ranimé !
On voit qu'aux chemins de traverse
Vous n'êtes pas accoutumé.

SANTA-CRUX.

Dans mes traits la fatigue perce,
Je serai bientôt ranimé !
Hélas, aux chemins de traverse
Je ne suis pas accoutumé.

Le marquis et la Duchesse sortent par la deuxième porte à gauche; dona Cabrera les suit; Inigo entre par le fond.

SCENE VI.

INIGO, *puis* CHARLES II.

INIGO, *à dona Cabrera, qui ne l'entend pas et disparaît.* Madame!.. Bon! la voilà partie!.. pas plus de réponse des maîtres que des valets!.. comme tout le monde a l'air affairé dans ce château!..

CHARLES, *entrant,*
AIR : *Fragment du final du deuxième acte de Joseph Trubert.*

Ah! quel plaisir!
Partout je peux courir!
Adieu, palais,
Courtisans et valets
Si graves et si laids!
Loin des riches salons,
Fuyons!
Par vaux, par monts,
Sautons, trottons, chantons,
Ah! quel plaisir, etc.

INIGO.

Quelle gaîté!
Ah! de sa liberté
Le roi me paraît enchanté;
Et pourtant à la cour
Il fraudra presser son retour.

CHARLES. Dieu!.. que c'est bon d'être libre!.. de marcher, de se fatiguer, d'avoir faim, d'avoir soif... tant qu'on veut, sans qu'il y ait là quelqu'un qui vous dise : Prenez donc garde, vous allez vous faire mal!.. (*Il se retourne et aperçoit Inigo.*) Ah! te voilà, Inigo?.. eh bien, sais-tu enfin chez qui nous sommes?

INIGO. Mon Dieu! non, sire!

CHARLES. Veux-tu bien te taire, avec ton *sire!*.. pour me faire reconnaître et ramener à Madrid?..

INIGO. Que nous n'aurions pas dû quitter.

CHARLES. Sois donc tranquille!.. nous y retournerons assez.

INIGO. Si nous y retournions tout de suite?..

CHARLES. Y penses-tu!.. quand nous n'avons encore essuyé qu'un orage, et que nous avons fait à peine dix lieues sans rencontrer le plus petit brigand ni le moindre précipice?.. ah! je ne m'arrêterai pas en si beau chemin! Ils disent tous d'ailleurs que l'Espagne est à moi, il faut bien que je connaisse ma propriété.

INIGO. Mais ne pouviez-vous exprimer ce désir?..

CHARLES. Laisse donc!.. ils m'appellent leur maître, et il faut que je fasse toutes leurs volontés!.. puis, ils m'auraient accompagné; c'est bien plus amusant tout seul!.. et si tu ne t'étais pas trouvé là, sur mon passage, au moment où je prenais la clef des champs...

INIGO. Il fallait vous suivre ou vous dénoncer, vous faire de la peine ou se dévouer à votre fantaisie, afin de veiller au moins sur votre personne?.. Inigo, votre fidèle serviteur, n'a pas balancé.

CHARLES. Oh! ça m'est égal!.. tu es bon garçon, toi, tu ne me contraries pas trop, excepté pourtant quand il te passe une lubie par la tête, comme tout-à-l'heure!.. Sais-tu que tu as été bien entêté de m'empêcher de demander un gîte à ce bon fermier, pour me conduire ici?

INIGO. Ce château n'était-il pas plus digne de vous recevoir?

CHARLES, *riant.* Et l'on nous y reçoit joliment!.. la moitié des valets ivres morts, les autres occupés autour d'une voiture qui vient d'arriver; on ne répond pas à nos questions, et nous ignorons encore le nom du maître de ce château. Au fait, j'aime mieux ça, c'est plus drôle!.. à condition pourtant qu'il ne saura pas non plus qui je suis. Quel plaisir de voir qu'on ne fait pas plus d'attention à moi qu'au dernier de mes pages!.. ils sont bien heureux les pages!

INIGO. Quand on ne leur donne pas les étrivières.

CHARLES. Inigo, va donc voir s'il n'y a pas de cuisine dans cette maison!.. je commence à avoir une faim!..

INIGO. Je cours exécuter vos ordres.

Il sort par le fond.

SCENE VII.

CHARLES, *puis* LA DUCHESSE.

CHARLES, *seul un instant et assis dans le fauteuil à gauche.* Ce que c'est que le grand air!.. à Madrid, je n'avais jamais envie de manger, et ici... oh! je sens des tiraillemens d'estomac... c'est délicieux!... Ah çà, voyons, il ne faut pas que je parcoure le monde comme un niais, sans recueillir aucun fruit de mes voyages!.. Notons mes observations. (*Il tire un portefeuille de sa poche.*) Première remarque : les voyages donnent beaucoup, mais beaucoup d'appétit à la jeunesse. Seconde remarque : qu'est-ce que j'ai remarqué encore? (*Il réfléchit ; à lui-même.*) Ah! ma seconde remarque, la voici: donner un gouverneur à un roi, ça n'a pas le sens commun, car s'il ne sait pas se gouverner lui-même, comment veut-on qu'il gouverne les autres?

LA DUCHESSE, *à elle-même, sans voir le roi.* Voilà le marquis, mon cher futur, installé dans son appartement, et M. le lieutenant qui devait empêcher mon mariage?..

CHARLES. Une femme?.. sans doute la maîtresse du château?..

LA DUCHESSE. Un enfant?.. sans doute un jeune page du marquis?

CHARLES, *s'avançant.* Madame!..

LA DUCHESSE. Que vois-je?... le roi?

CHARLES, *à part.* Est-il possible?.. la duchesse d'Ascoli!.. la future de mon gouverneur!... Maladroit d'Inigo!.. où diable m'a-t-il fourré?

LA DUCHESSE. Quel honneur pour moi, sire, et quelle joie pour votre gouverneur!...

CHARLES. Comment? est-ce qu'il est ici?

LA DUCHESSE. Il vient d'arriver il y a peu d'instans.

CHARLES, *à part.* Par exemple!.. voilà du guignon!

LA DUCHESSE. Je cours lui annoncer....

CHARLES, *la retenant, vivement.* Au contraire!.. ne lui annoncez rien du tout! je tiens beaucoup à ce qu'il ne sache pas que je suis ici, que je veux honorer ses fiançailles de ma présence...

LA DUCHESSE. Ah!...

CHARLES. Oui, c'est une surprise que je serai enchanté de lui procurer.

LA DUCHESSE. Il est inutile de vous demander si la reine votre mère a consenti...

CHARLES. Oh! c'est parfaitement inutile!.. Il est évident que ma mère... mais ce serait trop long à vous dire... (*A part.*) Il faut absolument me débarrasser d'elle. (*Haut.*) Dans ce moment, madame, si vous vouliez m'être particulièrement agréable...

LA DUCHESSE. Ordonnez, sire.

CHARLES. Eh bien... vous me feriez servir à souper.

LA DUCHESSE. A l'instant, sire!.. je veux avoir moi-même cet honneur. (*A part.*) Seul, sans suite!.. sa majesté m'a tout l'air de faire l'école buissonnière. Allons avertir son gouverneur.

Elle sort par la deuxième porte à gauche.

SCENE VIII.
CHARLES, INIGO.

CHARLES, *à lui-même.* Eh! vite, il faut décamper!..

INIGO, *entrant par le fond.* Ah! sire, où vous ai-je conduit!

CHARLES. Eh! vraiment, je le sais de reste!.. mais après m'avoir, par ta sottise, jeté dans la gueule du loup, il faut que tu m'en tires.

INIGO. Que dois-je faire?..

CHARLES. Courir à l'écurie, seller deux chevaux, le plus vite possible...

INIGO. Vous voulez?...

CHARLES. Repartir à l'instant même, chercher un gîte où il ne pleuve pas des gouverneurs.

INIGO. Mais...

CHARLES. Eh! que diable, dépêche-toi donc!...

Il le pousse par les épaules.

INIGO. J'obéis. (*A part, en sortant par le fond.*) Que Dieu nous soit en aide!...

SCENE IX.
CHARLES, UNE SENTINELLE, *puis* RUY GOMES.

CHARLES, *seul.* Et si la duchesse allait ne pas croire au conte que je lui ai fait?.. si elle disait tout à mon gouverneur?.. je serais un joli garçon!.... Attendre ici le retour d'Inigo, c'est une folie!.. courons plutôt l'aider à préparer nos montures!.... Eh vite! dépêchons, sire, à l'écurie!....
Il s'élance vers la porte du fond, qu'il ouvre; une sentinelle lui barre le passage.

LA SENTINELLE, *en dehors de la porte.* On ne passe pas.

CHARLES. Là!.. qu'est-ce que je disais?.. dénoncé par la duchesse!.. bloqué ici!.... (*A la sentinelle.*) Mais, mon camarade.....

LA SENTINELLE. On ne passe pas.

CHARLES. Que diable! vous dites toujours la même chose!.... j'ai bien compris la première fois!.... mais je veux vous expliquer...

LA SENTINELLE. On ne passe pas.
Elle referme la porte.

CHARLES, *descendant la scène.* Ah!.... encore!.. Il y faut renoncer!.. Mon gouverneur n'aura pas cru à l'honneur que je voulais lui faire... oh! le vieux renard!... Pour lui échapper, je donnerais, je crois, la moitié de mon royaume!.... Mais comment m'y prendre?... (*Il va vers les portes latérales.*) Ces portes conduisent à des appartemens; je serai découvert!.... Ah!.... cette fenêtre... Voyons!.. (*Il s'approche de la fenêtre qui est fermée; Ruy Gomès paraît sur le balcon en dehors.*) Tiens!.... qui est celui-là?.. Et qu'est-ce qu'il veut?

AIR: *Tout bas.* (De Mme G. de Lurieu.)
Final du premier acte de Gil Blas.

ENSEMBLE.

RUY-GOMÈS, *frappant doucement aux carreaux.*

Ouvrez, ouvrez! mais en silence!
Lorsqu'ici je porte mes pas,
Je dois agir avec prudence,
Ah! par pitié, n'appelez pas!
Parlons bien bas, bien bas, bien bas,
Et par pitié n'appelez pas!

CHARLES.
Sur le balcon quelqu'un s'élance !
Qui peut ici porter ses pas ?
Ouvrez, dit-il, mais en silence,
Et par pitié n'appelez pas !
Parlez bien bas, bien bas, bien bas !
Ouvrons-lui, mais n'appelons pas.
Il ouvre la fenêtre, Ruy Gomès saute sur le théâtre.

SCENE X.
CHARLES, RUY GOMÈS.

RUY GOMÈS, *arrivant en scène.* Merci, mon enfant, merci !.. Vous m'avez épargné la peine de briser une vitre, ce qui aurait fait du bruit, et pouvait donner l'éveil... Je vous devrai peut-être tout ce que j'attends de joie et de bonheur dans ce monde.

CHARLES. Ma foi, ça ne m'aura pas coûté grand'chose !.. *(A lui-même.)* Eh mais ! puisqu'il est venu par là, qui m'empêche de m'en aller par le même chemin ?..

RUY GOMÈS, *à lui-même.* Je tiendrai donc ma parole !.... Elle verra que je suis capable de tout pour elle.

CHARLES, *lui frappant sur l'épaule.* Dites donc, mon ami.

RUY GOMÈS, *à part.* Il est familier le petit bonhomme.

CHARLES. Je vous ai fait entrer, c'est fort bien ; mais tout n'est pas fini... c'est à votre tour maintenant !.. il faut que vous me fassiez sortir.

RUY GOMÈS. Sortir ?.. Il me semble que ce n'est pas difficile !... voici la porte.

CHARLES. Oh ! je la vois bien ; mais ce n'est pas par là.

RUY GOMÈS. Quelle raison peut-il y avoir ?..

CHARLES. Il y a une raison excellente !.. Une raison... (*à part*) qui a des moustaches superbes.

RUY GOMÈS. Que désirez-vous donc ?

CHARLES. M'en aller d'ici par le chemin que vous avez pris pour y arriver. Indiquez-le-moi, bien vite.

RUY GOMÈS. Volontiers !.. service pour service !... Approchez donc que je vous explique un peu ce que vous avez à faire. (*Il le conduit au balcon.*) D'abord, à l'aide des crevasses de la muraille, vous arriverez facilement en bas.

CHARLES, *regardant et se grattant l'oreille.* A l'aide des crevasses ?..

RUY GOMÈS. Oui, en mettant le pied dans les unes, et en vous accrochant aux autres avec vos mains.

CHARLES. Avec mes mains ?..

RUY GOMÈS. Mon Dieu !.... c'est à peu près comme si vous descendiez par l'échelle la plus commode.

CHARLES, *à lui-même.* Commode !.... commode !.. pour se casser le cou.

RUY GOMÈS. Ensuite, vous aurez à franchir le petit mur de dix-sept pieds que vous voyez là, à droite : vous prendrez le même moyen.

CHARLES. Et ce sera toujours aussi commode ?..

RUY GOMÈS. Cela fait, il ne vous restera plus que le fossé du château, sur lequel j'ai jeté une grande perche, et en filant, filant à cheval tout le long de cette perche suspendue au-dessus de l'eau.

CHARLES. Au-dessus de l'eau ?.... moi qui ne sais pas nager !...

RUY GOMÈS. En un instant vous atteignez l'autre bord, et vous êtes en rase campagne.

CHARLES. Et si je tombe avant ?

RUY GOMÈS. Vous ne tomberez pas.

CHARLES. Permettez !.. permettez !..

RUY GOMÈS. Déjà effrayé ?.. pour si peu ! à votre âge ?.. Du cœur, mordieu ! du cœur ! ou vous ne serez jamais un homme.

CHARLES. Ecoutez donc !.. vous en parlez bien à votre aise !.. Je n'ai pas été élevé, moi, à marcher le long des murs comme un lézard, et à traverser les fossés à cheval sur une perche !.. Si vous pouviez m'indiquer une autre chemin ?..

RUY GOMÈS, *montrant la porte du fond.* Celui du grand escalier.

CHARLES, *frappant du pied avec impatience.* Mais puisque je ne peux pas prendre celui-là ? Puisqu'il y a une raison majeure qui m'en empêche ?..

RUY GOMÈS. Alors...

CHARLES, *avec colère.* Rester ici !.... rester prisonnier !..

RUY GOMÈS. Comment ?.. c'est de votre liberté qu'il s'agit, et vous hésitez !..

CHARLES, *après avoir réfléchi un instant, à part.* Eh bien !... tout plutôt que de retomber aux mains de mon gouverneur !... (*Haut.*) A revoir.
Il marche vers le balcon.

RUY GOMÈS, *à lui-même, et passant à gauche.* Pauvre petit !.. c'est qu'il y va tout de bon !.. Et s'il lui arrivait malheur ?.... (*Il fait quelques pas vers Charles.*) Non, non... je ne veux pas que par ma faute...

CHARLES, *s'arrêtant au moment de franchir le balcon, et revenant en scène.* Un mot encore.

RUY GOMÈS. Vous ne partez plus ?

CHARLES. Si fait, si fait !.. mais il faut bien au moins connaître ses amis. Votre nom ?

RUY GOMÈS. Ruy Gomès.

CHARLES. Votre état ?..

RUY GOMÈS. Lieutenant au régiment de Castille.

CHARLES, *lui serrant la main.* Je m'en souviendrai !.. adieu !..

RUY GOMÈS, *le retenant.* Mais, à mon tour, je ne serais pas fâché de savoir aussi...

CHARLES. Mon nom?..

RUY GOMÈS. Oui.

CHARLES. Charles.

RUY GOMÈS. Et votre état?..

CHARLES. Roi d'Espagne et des Indes.

RUY GOMÈS, *tombant à ses pieds.* Ah ! sire !..

CHARLES. Que fais-tu donc?.... j'ai bien le temps de recevoir tes respects !.. Adieu ! adieu !....

Il veut marcher vers le balcon.

RUY GOMÈS, *l'arrêtant.* Arrêtez !.. je ne puis souffrir que vous vous exposiez ainsi.

CHARLES. Pourquoi donc ? Tu trouvais cela si commode !

RUY GOMÈS. Ah ! c'est que j'ignorais...

CHARLES. C'est cela !.. Parce que je suis roi, tu ne veux plus que je devienne un homme?.. mais...

RUY GOMÈS. Jamais vous ne pourrez...

CHARLES. Laisse donc !.... le chemin n'est pas plus difficile maintenant que tout-à-l'heure, peut-être?.. Et ma liberté ?....

RUY GOMÈS. Eh bien ! vous avez raison, sire !.. marchons !..

CHARLES. Comment !.. Et l'affaire qui t'amenait ici?.... Cette affaire d'où dépendait ton bonheur ?..

RUY GOMÈS. Je ne vous quitte pas que vous ne soyez en sûreté !.... je reviendrai plus tard.

CHARLES. Le chemin est si engageant !..

AIR : *Bonheur de la table* (des Huguenots).

ENSEMBLE.

CHARLES.

Allons, sois mon guide !
Rien ne m'intimide;
D'un pas intrépide
Nous arriverons !
On est sur mes traces;
Mais si des crevasses
Nous trouvons les places,
Nous échapperons.

RUY GOMÈS.

Rien ne m'intimide,
Je suis votre guide !
D'un pas intrépide
Nous arriverons !
On est sur vos traces;
Mais si des crevasses
Vous trouvez les places,
Nous échapperons.

CHARLES.

On vient sans doute
Pour me saisir?
Eh ! vite, en route !
Il faut partir,

RUY GOMÈS.

Pardonnez, sire !
Un lieutenant
Pour vous conduire
Passe devant.

REPRISE DE L'ENSEMBLE.
Ils disparaissent.

SCÈNE XI.
SANTA-CRUX, *puis* LA DUCHESSE, LA SENTINELLE.

SANTA-CRUX, *paraissant incliné à la deuxième porte à gauche, et s'avançant.* Ah ! sire, me pardonnerez-vous la liberté que j'ai prise?.. (*Levant la tête.*) Eh bien! où donc est le roi ?

LA DUCHESSE, *qui le suit.* Est-ce qu'il n'est pas ici?

SANTA-CRUX. Voyez vous-même.

LA DUCHESSE, *ouvrant la première porte à gauche.* Il est peut-être dans cette pièce... non... Décidément Sa Majesté est en fuite.

SANTA-CRUX, *parcourant le théâtre.* Comment! en fuite?... malgré nos précautions !

LA DUCHESSE. Vous avez usé un temps précieux à donner des ordres !.. je vous le disais !..

SANTA-CRUX. Je suis perdu ! (*Il ouvre la porte du fond.*) Sentinelle, et votre consigne ?

LA SENTINELLE. Je l'ai fidèlement exécutée, général.

SANTA-CRUX. Personne ne s'est-il présenté à cette porte ?

LA SENTINELLE. Oh ! si fait... un jeune homme de quatorze à quinze ans.

SANTA-CRUX. C'était lui !.. (*A la sentinelle.*) Et que lui avez vous-dit ?..

LA SENTINELLE. On ne passe pas !.... trois fois !..

SANTA-CRUX. Et qu'a-t-il fait alors ?

LA SENTINELLE. J'ai fermé la porte, puis je n'ai plus rien vu ni rien entendu.

LA DUCHESSE, *riant.* En vérité, cela tient du miracle.

SANTA CRUX, *allant à la fenêtre.* Par cette fenêtre... c'est impossible !.... Il faut qu'il y ait eu perfidie !.... Mais je n'ai pas le temps de chercher le coupable.

AIR *des Chemins en fer.*

Pour moi quel embarras extrême !
Mais j'ai déjà trop hésité :
Je pars ! il faut à l'instant même
Courir après Sa Majesté.
D'un pareil élève à l'Espagne
Ma tête répondrait !..

LA DUCHESSE.

Adieu !
Mettez-vous bien vite en campagne ,
Ne risquez pas un tel enjeu.

ENSEMBLE.

SANTA-CRUX.

Pour moi quel embarras extrême! etc.

LA DUCHESSE.

Pour lui quel embarras extrême!
Mais vous avez trop hésité :
Partez!... Il faut à l'instant même
Courir après Sa Majesté.

Il baise la main de la duchesse et sort par le fond.

SCENE XII.

LA DUCHESSE, *seule.*

Ce pauvre marquis!.... Il en perdra la raison!.. Le roi n'a qu'à se bien cacher... Mais par où a-t-il pu sortir?.. (*Une pendule sonne.*) Ah! ah!.. huit heures?... le seigneur Ruy Gomès est en retard!.... « Cherchez, inventez des obstacles, disait-il! » J'ai inventé tout simplement de le consigner à la porte de mon château, et cette constance, cette volonté, qui devaient triompher de tout, sont restées au pied du mur!.... (*Elle rit.*) Ah! mon Dieu!.. que vois-je sous ce balcon?.. C'est lui!.. c'est bien lui!.. En vérité, tant d'audace et de persévérance me confondent!.. Eh mais! Dieu me pardonne, je crois qu'il grimpe le long de la muraille?.... Et le marquis de Santa-Crux qui s'éloigne!.. Si j'appelle... si je signale ce malheureux jeune homme à mes gens, le pied peut lui manquer... il tombe et c'est moi qui le tue..... Ah! ce serait un crime!..Mais c'est qu'il approche!.. Si je faisais venir ma tante?.. ma tante?.. ah! quelle inspiration!.. Oui, c'est cela!.. voilà le moyen de le punir de sa présomptueuse témérité!.. Le jour baisse : point de lumière encore dans cette salle!.. Ah! déjà la plume de son chapeau?... Sauvons-nous!..

Elle sort par la porte à gauche au premier plan.

SCENE XIII.

RUY GOMÈS, *paraissant au balcon.*

Me voilà de retour, et le roi est en sûreté! Ce n'a pas été sans peine!... mais on ne le trouvera pas, j'espère, là où je l'ai caché!... J'ai donc réussi!... et je réussirai encore!... Vouloir, c'est pouvoir!... Voyons!... par où aller maintenant pour arriver jusqu'à la duchesse?... (*Il prête l'oreille à une porte latérale.*) Ah!... une voix de femme!... C'est la sienne!... Je suis sûr de ne pas m'y tromper, et, quoique je ne l'aie entendue qu'une fois, maintenant je la reconnaîtrais entre mille!... Courons

au-devant d'elle!... (*La porte s'ouvre, une femme entre.*) Que vois-je?... la vieille du jardin!... sa tante dona Cabrera, sans doute!...

SCENE XIV.

LA DUCHESSE, *avec un bonnet et une mante de dona Cabrera, et des lunettes sur le nez*, RUY GOMES.

LA DUCHESSE, *feignant la surprise, et déguisant sa voix.* Un jeune homme ici!... Que voulez-vous?... que demandez-vous?

RUY GOMÈS. Madame... je venais... j'espérais....

LA DUCHESSE, *riant, à part.* Oh! comme il a l'air contrarié!... (*Haut.*) Voyons, expliquez-vous, ou je vais croire que vous avez de mauvais desseins.

RUY GOMÈS. Moi? (*A part.*) Le diable t'emporte !

LA DUCHESSE. Oui, vous!... Oh! je vous reconnais à présent!... Je sais tout!... vous êtes ce jeune fou qui depuis quelque temps poursuit ma nièce de ses extravagances!... Mais elle vient de se mettre à l'abri en quittant ce château.

RUY GOMÈS. Partie?...

LA DUCHESSE. Oui, monsieur!... voilà qui commence à vous faire douter du succès de votre entreprise?...

RUY GOMÈS. Partie.... et à cause de moi?... (*Avec force.*) Eh bien! tant mieux!... tant mieux!...

LA DUCHESSE, *étonnée et oubliant de contrefaire sa voix.* Comment!... tant mieux!...

RUY GOMÈS, *surpris à son tour.* Qui est-ce qui vient de parler?...

LA DUCHESSE, *reprenant la voix de vieille.* Mais... moi apparemment.

RUY GOMÈS, *bas à lui-même.* Ce son de voix... cette tournure empruntée... Dieu!.. si c'était...

LA DUCHESSE. Je serais curieuse de savoir ce qui peut, dans cette circonstance, exciter votre joie?...

RUY GOMÈS. Dites mon ravissement, madame!... Ne voyez-vous pas que, si elle est partie, cela prouve qu'elle croit à mes paroles, à mes promesses?

LA DUCHESSE. Mais cela prouve aussi qu'elle est bien décidée à ne plus vous voir.

AIR *de la Fiole* (Cheval de Bronze).

Prêtez l'oreille,
Pauvre seigneur Ruy Gomez;
Je vous conseille
D'être plus calme désormais.

Mais vous êtes fort imprudent,
Même assez extravagant,
Et pourtant
Je veux m'intéresser à vous
Et vous parler sans courroux,
On prend en pitié les fous !
Vous avez de l'esprit, je crois,
Faites-en un meilleur emploi ;
A mes avis ajoutez foi,
Mon enfant écoutez-moi :
Dans le bel âge,
Jeune et fait comme vous voilà,
Il est dommage
Que vous gaspilliez tout cela.
Ma nièce a l'esprit fort moqueur,
Et soyez sûr que son cœur
Des amours rira toujours ;
Près d'elle vous perdez vos pas,
Et, je vous le dis tout bas,
Quand vous êtes à ses pieds,
Mon enfant, vous l'ennuyez.

RUY GOMÈS, *à part.* Comme elle ment.!..

LA DUCHESSE. Et elle m'a chargée de vous prier de ne plus revenir.

RUY GOMÈS. Elle ne compte pas sur mon obéissance.

LA DUCHESSE. Qui vous l'a dit?

RUY GOMÈS. Sa fuite de ce château.

LA DUCHESSE, *s'oubliant.* En vérité?...

RUY GOMÈS, *à part.* C'est elle!... (*Haut.*) Que puis-je conclure de son départ précipité, je vous le demande?... Une seule chose!... C'est qu'elle a craint de faiblir en ma présence, de se laisser toucher par mes prières!... Et maintenant... oh! maintenant... je suis sûr de son amour.

LA DUCHESSE, *s'oubliant tout-à-fait.* L'impertinent! oser me dire en face!...

RUY GOMÈS. Ah! c'était donc vous, madame?

LA DUCHESSE, *jetant loin d'elle son bonnet et sa mantille.* Oui, monsieur, c'est moi! c'est moi-même qui vous déclare que je ne faiblirai pas, que je ne vous aime pas, que je ne vous aimerai jamais !

RUY GOMÈS. Oh! pardon! pardon, madame!... Je vous avais reconnue, et je n'ai été impertinent que pour vous contraindre à vous trahir! Il me faut à moi des entrevues officielles et à visage découvert!... sans cela, oh! croyez-le bien, sans cela je n'aurais jamais prononcé des paroles qui ne devaient pas sortir de ma bouche..... quoique la conviction soit dans mon cœur.

LA DUCHESSE. Encore!... Mais quand je vous dis, monsieur, que je ne vous aime pas !...

RUY GOMÈS. Eh! mon Dieu, madame, je vous crois!... je vous crois... pour le présent !... mais pour l'avenir!... qui peut en répondre?... Aujourd'hui, je ne vous plais pas.... je vous déplais même?... c'est possible!... Mais dans un an, dix ans,

quinze ans.... Qui sait?... Je suis jeune, j'ai le temps d'attendre.

LA DUCHESSE. A la bonne heure... Mais je ne l'ai pas, moi, car je me marie au marquis de Santa-Crux dans trois jours.

RUY GOMÈS. Dans trois jours?...

LA DUCHESSE. Eh! vraiment oui!... Vous conviendrez que c'est bien peu pour changer mes dispositions à votre égard.

RUY GOMÈS, *qui a paru réfléchir.* Cela suffira madame.

LA DUCHESSE. Par exemple!...

RUY GOMÈS. Trois jours?... Mais c'est assez pour gagner trois batailles!... Dieu ne mit que six jours à faire le monde.

LA DUCHESSE. Et il se reposa le septième?... Je vous conseille de commencer par où il a fini.

RUY GOMÈS. Me reposer!... C'est quand on a réussi qu'on se repose.

LA DUCHESSE. Vous avez beau faire, vous ne m'effraierez pas... Discours d'enfant que tout cela.

RUY GOMÈS. Un enfant!... moi!... un enfant!... Eh bien!... c'est un défaut dont M. de Santa-Crux m'apprend qu'on peut se corriger tous les jours.

LA DUCHESSE. Comment, monsieur.... vous espérez encore !

RUY GOMÈS. Oh oui! j'espère!... car je sens là qu'il est impossible que vous résistiez à tant d'amour.

LA DUCHESSE. De l'amour?... Je ne crois qu'à votre ambition, monsieur !...

RUY GOMÈS. Ah! ce mot est le plus cruel que vous ayez prononcé!... Certes, madame, j'ai pensé quelquefois qu'une duchesse ne pouvait guère épouser un simple lieutenant; je me suis alors indigné de ma situation!... Mais que vous, vous, madame, vous ayez si mal compris le sentiment que vous m'inspirez!... voilà ce que je ne m'explique pas!... Moi, ambitieux?... Eh bien! oui!... et je vous remercie!... Vous le voulez?... soit!... je le deviendrai!... je monterai si haut que, pour venir à moi, vous ne serez plus obligée de descendre!... Dans ce moment il me suffit que votre cœur soit libre, et je vais faire en sorte que votre personne le soit aussi.

AIR : *Ne raillez pas la garde citoyenne.*
Oui, vainement d'un fatal mariage
Votre rigueur menaça mon amour,
L'obstacle anime et double mon courage ;
Pour triompher que faut-il? un seul jour!
LA DUCHESSE, *allant ouvrir la porte à droite.*
Hâtez-vous donc !.. j'entends une fanfare :
Auprès de moi mon futur va venir.
RUY GOMÈS.
Dans ce château qu'il rentre!.. je déclare
Que je saurai le forcer d'en sortir !..

ENSEMBLE.

RUY GOMÈS.

Oui, vainement, etc.

LA DUCHESSE.

Quand tout est prêt pour notre mariage,
Pour l'empêcher que peut un fol amour?
Un vain espoir berce votre courage ;
Epargnez-vous les ennuis du retour.

Ruy Gomès sort.

LA DUCHESSE, *seule.* Ceci est un peu trop fort !...

SCENE XV.

LA DUCHESSE, SANTA-CRUX, *puis* DONA CABRERA, Suite *de Santa-Crux.*

SANTA-CRUX, *avant d'entrer.* Qu'on se tienne prêt !

LA DUCHESSE, *à elle-même.* J'entends le marquis... Ah ! seigneur Ruy Gomès, trois jours vous suffiront pour empêcher mon mariage !... Eh bien ! vous n'aurez que trois heures.

SANTA-CRUX, *entrant.* Nous allons poursuivre nos recherches d'un autre côté.

DONA CABRERA, *entrant en même temps que Santa-Crux et sa suite.* Ce que je viens d'apprendre est-il possible, monsieur le marquis ? Sa Majesté perdue et qu'on ne retrouve pas ?...

SANTA-CRUX. Il n'est que trop vrai, madame !... Que va penser l'Europe ?... et que dira la reine-mère ?

LA DUCHESSE. Eh ! mon Dieu, sa majesté se retrouvera !..

SANTA-CRUX. Au moment où, tout entier au bonheur, je venais ici faire les préparatifs de mon mariage avec vous !...

LA DUCHESSE. Eh bien ! cet événement ne fera que le hâter.

SANTA-CRUX. Que dites-vous, madame ?...

LA DUCHESSE. Je vous offre de conclure aujourd'hui même.

DONA CABRERA. Bien, ma nièce !... très-bien !

SANTA-CRUX. Ah ! madame, que de bonté !... On parle de guerre, et il est possible que je sois bientôt obligé d'aller commander l'armée : combien il sera doux pour moi d'emporter le titre de votre époux !

LA DUCHESSE. Il ne s'agit plus que de donner les ordres à mon chapelain.

UN VALET, *entrant.* Un paysan apportant des nouvelles de sa majesté demande à parler à monsieur le marquis.

SANTA-CRUX. Des nouvelles du roi ?... Qu'il entre !..... qu'il entre à l'instant même !...

Sur un signe du valet le paysan s'avance.

SCENE XVI.

DONA CABRERA, RUY GOMÈS *en paysan*, SANTA-CRUX, LA DUCHESSE, Suite *du marquis.*

RUY GOMÈS. Le marquis de Santa-Crux?

SANTA-CRUX, *allant à lui.* C'est moi, mon ami, parle, parle vite.

RUY GOMÈS, *l'examinant.* C'est vous ?... (*Il rit.*) Ah bah !...

SANTA-CRUX. Qu'est-ce à dire ?... Et pourquoi donc ris-tu, manant?

RUY GOMÈS. Je ris... dam ! je ris de vous voir.

SANTA-CRUX. Insolent !

La duchesse l'arrête et lui dit quelques mots.

RUY GOMÈS. Je ne me serais jamais imaginé que c'était là un grand d'Espagne, un général, le gouverneur d'un roi !

DONA CABRERA. Et pourquoi donc ?

RUY GOMÈS. Ah ! c'est qu'il ne paye pas de mine.

LA DUCHESSE, *à part, le regardant.* Quel langage !...

SANTA-CRUX, *qui s'est éloigné de la duchesse.* Mais voyons, c'est du roi qu'il s'agit.

RUY GOMÈS. Oui.... Il m'a chargé de vous remettre ce billet.

SANTA-CRUX. Un billet de sa majesté ?... Eh ! donne donc, malheureux !... (*Il prend vivement la lettre et lit haut.*) «Mon cher gou-
» verneur, depuis que je ne vous vois plus
» je ne me suis pas ennuyé un seul instant.»
(*Parlé.*) Quel heureux caractère !... (*Continuant de lire.*) « Je voyage en ce moment
» pour mon plaisir et mon instruction ;
» vous ne m'en avez pas enseigné en dix
» ans autant que j'en ai appris en deux
» jours : vous avez donc eu grand tort
» de vouloir tantôt vous emparer de ma
» personne, car ce n'est pas votre faute si,
» pour vous échapper, je ne me suis pas
» cassé le cou. » (*Parlé.*) Cassé le cou?... Grand Dieu !...

RUY GOMÈS. Dam !

SANTA-CRUX, *lisant.* «Toutes vos démar-
» ches pour me découvrir seraient inu-
» tiles : l'homme que je vous envoie se
» laisserait tuer plutôt que de me trahir.»

RUY GOMÈS. Oh ! ça, c'est vrai !

SANTA-CRUX. J'ai bien envie d'essayer.

RUY GOMÈS. Vous auriez tort !...

SANTA-CRUX, *lisant.* « Cependant,
» comme je suis clément et bon garçon,
» et que je ne peux guère faire autrement
» que de retourner à Madrid, où je ne
» veux pas être grondé par ma mère, je
» vais vous faire une petite proposition
» que vous accepterez si vous tenez aussi

» à n'être pas grondé par elle. » (*Parlé.*) Certainement j'y tiens beaucoup !... (*Continuant de lire.*) « Vous allez retourner à » Madrid , sans perdre une minute, de » façon à vous y trouver en même temps » que moi et à pouvoir dire à la reine » que nous avons voyagé ensemble, sinon » vos fonctions de gouverneur sont termi- » nées, car je vous déclare que je suis » bien décidé, si vous ne m'obéissez pas, » à recommencer mes voyages jusqu'à ma » majorité, et alors je vous enverrai vous » promener à votre tour. » Moi, le Roi. »

RUY GOMÈS. Ça me paraît clair et posi- tif..... monsieur le marquis de Santa- Cruche.

SANTA-CRUX, *à part.* Il le ferait comme il le dit, et, si je n'accepte pas, que devien- drai-je à sa majorité ?... Allons, il n'y a pas à balancer !... (*A la duchesse.*) Vous avez entendu , madame ?... le salut de Sa Majesté exige que je me sacrifie.

LA DUCHESSE. Je ne vous retiens pas !... Mais cette lettre est-elle bien du roi ?...

SANTA-CRUX. Eh ! vraiment oui, de sa main royale !... Voyez plutôt !...

LA DUCHESSE , *regarnant la lettre.* C'est vrai !... (*Reportant les yeux sur le paysan et à part.*) Et cependant... ce regard, cette physionomie...

SANTA-CRUX, *élevant la voix.* A cheval tout le monde... et en route pour Madrid.

RUY GOMÈS, *à part.* Je savais bien que je le ferais partir.

ENSEMBLE.

Air : *Final du premier acte des Beignets.*

LE MARQUIS, LA DUCHESSE , DONA CABRERA , SUITE.
Aux ordres du roi qu'on s'empresse
Sans aucun retard d'obéir ,
Car la nuit vient, l'heure nous presse,
A l'instant même il faut partir.

RUY GOMÈS.
J'ai su délivrer la duchesse ;
Comme il s'empresse d'obéir.
Ruy Gomès tient sa promesse ,
A l'instant même il va partir.

ACTE DEUXIÈME.

Le théâtre représente une salle du palais de l'Escurial, à Madrid. Porte au fond ; portes latérales, et deux autres portes sur pans coupés. Une table à gauche, des siéges.

SCENE PREMIERE.

MARIE D'AUTRICHE, LA DUCHESSE,
assises près de la table et continuant une conversation.

MARIE. Poursuivez, ma chère duchesse, poursuivez : le récit de cette aventure m'intéresse au dernier point. Ainsi le mes- sager qui remit au marquis de Santa-Crux une lettre du jeune roi, mon fils, était vo- tre lieutenant ?

LA DUCHESSE. Lui-même !... Vous dire comment il se trouvait porteur des ordres de son souverain, qui ne permettaient pas à mon futur époux de différer d'une mi- nute son départ pour Madrid, c'est ce que j'ignore et ce dont je n'ai jamais pu me rendre compte. Huit jours après, la guerre s'alluma, le marquis fut appelé à la tête de l'armée, et c'est ainsi que je ne suis pas encore la marquise de Santa-Crux.

MARIE. Mais savez-vous qu'il est char- mant votre amoureux ?.. Et il n'est encore que simple officier ?.... j'aurais vraiment du plaisir à procurer de l'avancement à un tel homme.

LA DUCHESSE. Pourvu qu'il ne se soit pas fait tuer dans cette dernière campa- gne ?

MARIE. Laissez donc !... il a bien autre chose à faire...

CHARLES, *entr'ouvrant la porte à droite.* Par où est-il donc passé ?.. Oh !.. la reine et la duchesse !...

Il sort par le fond.

MARIE, *se levant.* Pauvre Santa-Crux ! Allons, il est heureux pour la monarchie espagnole et pour lui qu'il ait été forcé d'aller commander l'armée avant de vous épouser.

LA DUCHESSE. Pourquoi donc, madame ?

MARIE. Ah !..... c'est qu'épouser une femme qui inspire un pareil amour à un autre, c'est bien dangereux !

LA DUCHESSE. Du reste, il paraît que M. Ruy Gomès s'est lassé, et qu'il est de- venu raisonnable, car depuis quinze jours que tous nos jeunes officiers sont de retour à Madrid, je n'ai pas entendu parler delui.

MARIE. Ah !..... ceci est plus grave...... mais c'est égal !... Aussi sûr que vous êtes la plus aimable femme de ma cour, il repa- raîtra, et alors, mon enfant, je m'y connais ..

LA DUCHESSE. Un mot va vous convain- cre de ma sincérité !.. j'ai tout dit au mar- quis de Santa-Crux.

MARIE. Vous lui avez tout dit ?... Eh bien ! vous avez fait là un beau chef-d'œu- vre !... Comment voulez-vous maintenant que ce pauvre jeune homme arrive jusqu'à vous ?

LA DUCHESSE. C'est justement ce que je veux empêcher.

MARIE. Allons donc !... pure coquetterie !... vous lui créez de nouveaux obstacles afin qu'il vous donne de nouvelles preuves de son amour.

LA DUCHESSE. Je vois que votre majesté est décidée à se moquer de moi.

MARIE. Eh ! non, ma chère... c'est vous qui vous moquez du marquis.

LA DUCHESSE. Est-ce en l'épousant que je le prouve ?

MARIE. Oh ! l'épouser !... l'épouser !...

LA DUCHESSE. Le roi ne doit-il pas, ainsi que votre majesté, signer notre contrat aujourd'hui même ?

MARIE. Quoi !... même avant de savoir si ce brave jeune homme est mort ou vivant ?..

LA DUCHESSE. Votre majesté est bien méchante aujourd'hui avec moi !... mais voici bientôt l'heure de la réception, et, si vous le permettez, je vais aller transmettre vos ordres à vos dames d'honneur.

MARIE. Allez, allez, duchesse; mais fuir ce n'est pas répondre.

La duchesse salue et sort.

SCENE II.

MARIE D'AUTRICHE, *puis* RUY GOMÈS.

MARIE, *seule un instant.* Elle a beau s'en défendre, près de nous autres femmes il n'y a ni généralissime ni prince qui puisse lutter contre un homme qui fait des choses extraordinaires.

RUY GOMÈS, *entrant doucement par une porte latérale, à gauche.* J'ai entendu sa voix !... (*Apercevant la reine qui lui tourne le dos.*) C'est elle !... oh ! oui, c'est elle !... (*Il s'approche.*) Madame !.... (*La reine se retourne.*) Ciel !... la reine !...

MARIE, *étonnée.* Un homme ici !... que voulez-vous ?... qui êtes-vous ?

RUY GOMÈS, *avec embarras.* Je veux..... je suis... .

MARIE, *impérieusement.* Répondez ! répondez !... votre nom ?...

RUY GOMÈS. Ruy Gomès, madame.

MARIE, *partant d'un éclat de rire.* Ruy Gomès !... ah !... ah !... ah !... lieutenant au régiment de Castille, n'est-ce pas ?...

RUY GOMÈS. Capitaine, madame.

MARIE. Depuis peu alors ?

RUY GOMEZ. Depuis un mois.

MARIE. Et c'est la duchesse d'Ascoli que vous cherchez ici ?...

RUY GOMÈS, *très-surpris.* Oui, madame.

MARIE. Venir jusque dans mon palais !..

RUY GOMÈS, *fléchissant le genou.* Ah! madame, j'implore l'indulgence de votre majesté.

MARIE. Relevez-vous donc, monsieur.

RUY GOMÈS. Pas avant que vous m'ayez pardonné.

MARIE. Et comment voulez-vous qu'on se fâche quand on sait votre histoire ?

RUY GOMÈS, *debout.* Quoi !... votre majesté aurait appris...?

MARIE. Oui, oui, votre amour, votre persévérance !... C'est bien, jeune homme.

RUY GOMÈS, *avec joie.* Et vous m'approuvez ?

MARIE. Mon enfant, toute femme qui a... ou qui a eu un cœur sera touchée de vos sentimens pour la duchesse.

RUY GOMÈS. Mais elle, madame ? elle ?...

MARIE. Ah ! la question n'est plus que de savoir si elle en a un.

RUY GOMÈS. Je l'espérais.

MARIE. Je vois même que vous l'espérez encore; mais si elle épouse le marquis de Santa-Crux ?

RUY GOMÈS. Oh ! cela n'est pas encore fait.

MARIE. Quelle confiance !

RUY GOMÈS. Tenez, madame, le marquis est bien puissant, bien illustre... Dieu sait pourquoi !... moi je ne suis que bien amoureux !... Et cependant, s'il fallait parier...

MARIE. Vous pourriez perdre !.. lorsqu'il s'agit de choisir entre un simple capitaine et un généralissime....

RUY GOMÈS. Ce qu'on a de mieux à faire c'est de prendre le capitaine.

MARIE. Par exemple !...

RUY GOMÈS. Eh ! madame, l'époux qui obéit ne vaut-il pas mieux que celui qui commande ? D'ailleurs ne puis-je pas parvenir ?... déjà je suis monté en grade.

MARIE. En effet, j'oubliais !... Qu'est-ce donc qui vous a mérité...?

RUY GOMÈS. Les ordres du marquis de Santa-Crux portés par moi au général Spinosa.

MARIE. Quoi, monsieur, c'est vous !... vous êtes l'officier qui a passé devant le front et sous le feu d'une division ennemie?

RUY GOMÈS. Oui, madame.

MARIE. Les rapports officiels du marquis ne portaient point votre nom ?

RUY GOMÈS. C'est tout simple... il ne voulait pas que ce nom retentît à certaines oreilles.

MARIE. Oh ! ce n'est pas de bonne guerre !.. Savez-vous bien, monsieur, que votre conduite est admirable ?.. vous pouviez vous faire tuer mille fois.

RUY GOMÈS. Je n'y ai pas songé une seule.

MARIE. Un tel courage!..

RUY GOMÈS. Non, madame, je n'ai aucun mérite, je ne crois pas au danger!.. j'allais là... comme ailleurs.

MARIE, *à part*. Je l'embrasserais.

RUY GOMÈS. Et j'avais bien raison!.. la peur, dit-on, grossit les objets ; il paraît qu'elle les grandit aussi, car les balles de ces imbéciles d'arquebusiers ennemis ont passé toutes à un pied au-dessus de ma tête!... Eh bien! madame, voyez comme la gloire est à bon marché.... à mon retour au régiment, ne m'aurait-on pas porté en triomphe, si j'avais laissé faire?.. et le généralissime, lui-même, dont l'émotion ressemblait à de la surprise!..

MARIE, *à part*. Ah! je comprends... évidemment il voulait sa mort!... c'est une conduite indigne. (*Haut.*) Jeune homme, vous avez noblement commencé : désormais vous avez dans la reine une amie qui songera à votre fortune.

RUY GOMÈS. Oh! madame, pour le moment, ce n'est pas le plus pressé, et vous pourriez me rendre un bien plus grand service.

MARIE. Lequel?

RUY GOMÈS. Défendez à la duchesse d'épouser le marquis.

MARIE. Oh! mon pouvoir ne va pas jusqu'à contraindre les cœurs.

RUY GOMÈS. Ainsi, madame, vous me refusez?.. vous ne vous intéressez déjà plus à mon amour?..

MARIE. Je peux m'intéresser à un amour piquant, original, comme a été le vôtre jusqu'à présent ; mais s'il veut procéder comme tous les amours du monde, rentrer dans l'ornière commune, prenez-y garde, Marie d'Autriche et la duchesse d'Ascoli elle-même en détourneront les yeux avec dédain.

RUY GOMÈS. Avec dédain!... ah! plutôt mourir!.. car ma vie est là, croyez-le bien, madame... ce n'est pas de l'entêtement, de la folie, de l'ambition!..

MARIE. A la bonne heure!.. et à présent, vous allez me faire le plaisir de vous retirer.

La porte du fond s'ouvre, paraît un huissier.

L'HUISSIER. M. le marquis de Santa-Crux, demande si sa majesté veut bien le recevoir.

RUY GOMÈS, *à demi-voix à la reine*. Ah! madame, s'il me voit, toutes mes espérances sont à jamais anéanties... Pour avoir abandonné la maudite forteresse dont il m'a donné le commandement, il va me faire arrêter, et je suis perdu.

MARIE. Vraiment?..

RUY GOMÈS. C'est fait de moi, madame! souffrez, je vous en conjure...

MARIE. Quoi donc?

RUY GOMÈS. Que je m'échappe au moins de ce côté.

Il montre la porte par laquelle il est entré.

MARIE. Mais, monsieur, c'est l'appartement de mes femmes.

RUY GOMÈS. Je le sais bien!... c'est par là que je suis venu.

MARIE. Ah!.. (*A part.*) Le laisser surprendre par son rival, qui a déjà voulu le faire tuer...

RUY GOMÈS. J'attends vos ordres.

MARIE. Eh! monsieur, puisque vous connaissez le chemin...

RUY GOMÈS. Ah! merci, madame, merci mille fois!..

Il disparaît.

MARIE, *à l'huissier*. Faites entrer.

SCENE III.

MARIE D'AUTRICHE, SANTA-CRUX, *puis* **LA DUCHESSE.**

MARIE, *seule un instant*. Ce pauvre général qui croit son rival dans une forteresse.

SANTA-CRUX, *entrant*. Je viens, madame, prendre les ordres de votre majesté.

MARIE. Au sujet de votre mariage, n'est-ce pas?... (*Elle éclate de rire.*) Ah! ah! ah!

SANTA-CRUX. Si la reine daignait me mettre dans la confidence de sa bonne humeur...

MARIE, *continuant de rire*. Oh! mon cher marquis, ne prenez pas votre air grave, je vous en prie, car je ne pourrais plus m'arrêter.

SANTA-CRUX. Je me réjouis de la gaîté de votre majesté, mais...

MARIE. Oui, mais... c'est la cause qui vous inquiète, et qui peut-être ne vous réjouirait pas autant.

SANTA-CRUX. Il est certain que j'ignore tout-à-fait...

MARIE, *riant toujours*. Je sais bien que vous ignorez... c'est justement pour cela que... ah! ah! ah! ah! (*La duchesse entre.*) Mais tenez, voici la duchesse qui vient sans doute m'annoncer que je suis attendue.

LA DUCHESSE, *entrant du fond*. En effet, madame.

MARIE. C'est bien... (*Bas, et la prenant à part.*) J'ai des nouvelles de votre jeune homme.

LA DUCHESSE, *bas et vivement*. Il serait possible?

MARIE, *bas*. Apprenez que vos confidences au marquis ont failli causer la mort du petit lieutenant.

LA DUCHESSE, *bas*. O ciel!..

MARIE, *bas*. Oui, son rival lui a donné la mission la plus honorable, mais aussi la plus périlleuse... c'est miracle s'il en est revenu.

LA DUCHESSE, *à part*. Quelle infamie!..

MARIE, *haut à Santa-Crux*. Adieu, marquis; je n'ai point d'ordres à vous donner.

Air : *Gymnasiens*.

Mon cher marquis, quand ma cour me réclame,
  Profitez de ces doux instans,
  Et restez pour peindre à madame
  Tous vos feux, je crois qu'il est temps.
  Vous étiez étonné, je gage?
  Mes rires vous ont irrité ;
  Vous allez parler mariage?
  Adieu le rire et la gaîté.

ENSEMBLE.
MARIE D'AUTRICHE.

Mon cher marquis, etc.

LA DUCHESSE, *à part*.

Quand il feignait seul, auprès d'une femme,
  De peindre des transports brûlans,
  Le perfide n'avait dans l'ame
  Que les projets les plus sanglans.

SANTA-CRUX, *offrant la main à la reine*.

Illustre reine, avant tout je réclame
  L'honneur insigne que j'attends,
  Puis je saurai peindre à madame
  Tous les transports que je ressens.

Le marquis conduit la reine jusqu'à la porte; la duchesse reste sur le devant.

SCENE IV.
SANTA-CRUX, LA DUCHESSE.

LA DUCHESSE, *à elle-même, pendant que le marquis conduit la reine*. Je suis encore tout émue de ce que je viens d'apprendre! abuser de son pouvoir de général pour se débarrasser d'un enfant !... Ah ! c'est affreux!.. Je ne pensais plus à ce jeune homme, je ne m'en occupais plus, certainement... Eh bien ! maintenant, je ne serai tranquille que quand je serai sûre qu'il ne court plus aucun danger.

SANTA-CRUX, *revenant en scène*. C'est vers vous, madame, que sa majesté me renvoie pour obtenir l'explication de cette absence incroyable de toute gravité... elle prétend que mieux qu'elle-même vous pouvez m'apprendre...

LA DUCHESSE. Je ne m'en charge pas, monsieur.

SANTA-CRUX. Il est heureux, du moins, que, dans la dernière campagne, je n'aie pas ainsi fait rire ses ennemis.

LA DUCHESSE. Dans la dernière campa-gne?... ah! monsieur, votre conduite a été...

Elle s'arrête.

SANTA-CRUX. Eh! mon Dieu, toute naturelle.... je pensais à vous mériter, madame, et c'est aujourd'hui que je vais recevoir le prix de ma victoire... car je ne prévois pas de nouvel obstacle, malgré tout ce que vous avez bien voulu me confier des prétentions du seigneur Ruy Gomès, et de son indomptable volonté.

LA DUCHESSE, *à part*. Il ose en parler, après ce qu'il a fait!..

SANTA-CRUX, *souriant*. Je doute fort qu'il arrive encore pour honorer de sa présence la signature de notre contrat de mariage.

LA DUCHESSE, *à part*. Sa confiance me fait frémir!.. ah! il faut à tout prix que je sache.... (*Haut.*) Ainsi, selon vous, ce jeune homme ne m'aimerait plus?..

SANTA-CRUX. Je ne dis pas cela... mais depuis qu'il a cessé ses importunités, on peut croire qu'il s'est un peu calmé, et qu'il a reconnu la folie de ses prétentions.

LA DUCHESSE. Vous vous trompez, monsieur... tout-à-l'heure il était ici, à mes pieds.

SANTA-CRUX, *avec colère*. Et vous l'avez permis?

LA DUCHESSE. Eh mais! monsieur, ce sont vos affaires!... que ne le faites-vous mieux surveiller?.. Puisque je vous appartiens, c'est à vous de me garder.

SANTA-CRUX, *souriant*. Je suis bien bon de m'émouvoir ainsi... Ce que vous m'avez fait l'honneur de me dire, madame, est impossible.

LA DUCHESSE. Impossible!.. (*A part.*) Ah ! je tremble !.. (*Haut.*) Pourquoi donc est-ce impossible, monsieur ?.. l'auriez-vous fait enfermer?.. plonger au fond de quelque cachot?..

SANTA-CRUX. Non, madame, non!.. il n'a pas cessé d'être libre.

LA DUCHESSE, *à part*. Je respire !..

SANTA-CRUX. Ce n'est pas ainsi que j'agis, je suis plus généreux... et dans l'intérêt de ce jeune homme, pour lui fournir l'occasion de se distinguer, je l'avais même chargé...

LA DUCHESSE. Oui, oui, je sais... d'une mission qui pouvait lui coûter la vie.

SANTA-CRUX, *étonné*. Ah ! vous savez cela?

LA DUCHESSE. On me l'a dit.

SANTA-CRUX, *à part*. Diable ! diable!.. (*Haut.*) Cette mission lui a valu le grade de capitaine, et... le commandement d'une forteresse... un peu éloignée, il est vrai,

LA DUCHESSE, *vivement.* En êtes-vous bien sûr ?

SANTA-CRUX. Si j'en suis sûr ?.. c'est moi-même qui le lui ai fait obtenir... à deux cents lieues de Madrid.

LA DUCHESSE, *à part.* Deux cents lieues !..

SANTA-CRUX. Mais avec la défense expresse de s'en éloigner d'un seul jour.

En ce moment Ruy Gomès entr'ouvre la porte de la pièce où il est caché, fait deux pas, et rentre vivement à la vue du marquis.

LA DUCHESSE, *l'apercevant.* Ciel !..

SANTA-CRUX. Qu'avez-vous donc, madame ?..

LA DUCHESSE. Rien, monsieur, rien !... Vous disiez ?...

SANTA-CRUX. Que le poste où j'ai placé notre jeune héros est très-important par sa situation à l'extrême frontière, et que, s'il osait transgresser les ordres qu'il a reçus....

LA DUCHESSE, *avec inquiétude.* Que lui arriverait-il ?..

SANTA-CRUX. Oh ! la moindre chose !... il serait fusillé.

LA DUCHESSE. Ah ! mon Dieu !..

SANTA-CRUX. Mais soyez tranquille !... le seigneur Ruy Gomès, quelque audacieux qu'il soit, ne poussera pas à ce point la témérité ; et, si j'avais bien réfléchi, je ne me serais pas alarmé quand tout-à-l'heure vous m'avez dit que vous l'aviez vu.

LA DUCHESSE, *vivement.* Non, monsieur, non, je ne l'ai pas vu !..

SANTA-CRUX, *à part.* Quelle vivacité !... (*Haut.*) C'est à mon tour, madame, de vous dire : En êtes-vous bien sûre ?..

LA DUCHESSE, *avec embarras.* Mais sans doute !.. et, s'il faut parler avec franchise, je vous avouerai que votre façon de procurer de l'avancement à vos rivaux m'a fait peur ; j'ai voulu savoir ce qu'était devenu ce jeune homme... et, pour vous contraindre à vous expliquer... j'ai menti.

SANTA-CRUX, *à part.* Comme elle est troublée !.. (*Haut.*) Je crois, en effet, madame, que vous avez un peu altéré la vérité ; mais est-ce tout-à-l'heure ? ou est-ce maintenant ?..

LA DUCHESSE. Monsieur !..

SANTA-CRUX. Du reste, madame, s'il était possible que vous eussiez dit vrai d'abord, j'en serais fâché pour le seigneur Ruy Gomès, car je vous déclare que je n'hésiterais pas à le faire saisir, fût-ce même à vos pieds.

LA DUCHESSE, *à part.* Grand Dieu !..

SANTA-CRUX, *l'examinant et à part.* Il est ici !.... elle l'a vu !..

LA DUCHESSE, *à part.* Et c'est moi qui serais cause... (*Haut.*) Quoi !.. si j'implorais sa grâce ?..

SANTA-CRUX. J'aurais la douleur de vous refuser.

LA DUCHESSE. Fort bien, monsieur !... mais je vous dois aussi une déclaration : ce matin, quand j'ignorais encore la manière odieuse dont vous aviez abusé de ma confiance, j'ai promis, j'ai juré d'être à vous, et je ne rétracterai pas ma promesse !.. je ne ferai même rien pour mettre obstacle à cette union ; mais s'il s'en présente un qui ne vienne pas de moi et devant lequel votre finesse reste en défaut, vous trouverez bon que je me soumette.

SANTA-CRUX, *après l'avoir regardée un moment.* Aujourd'hui, vous m'appartiendrez !... mais voici l'instant de nous rendre chez la reine.

LA DUCHESSE. Quel supplice... m'éloigner d'ici sans pouvoir l'avertir !...

SANTA-CRUX. Votre main, madame.

Elle donne la main à Santa-Crux ; ils sortent ensemble.

SCENE V.
RUY GOMÈS, *puis* CHARLES.

RUY GOMÈS, *entrant vivement.* Je n'ai pu entendre qu'un mot... mais qu'il m'a fait mal !.. Aujourd'hui elle lui appartiendra ? aujourd'hui ? et il l'emmène !.. et je ne pourrai pas lui parler... lui dire... oh ! non, non !.. cela ne se peut !.. qu'il me fasse saisir, qu'il me tue, mais il faut qu'elle me voie, qu'elle m'entende, et, quoi qu'il puisse arriver, je cours...

CHARLES, *entrant et l'arrêtant par son habit.* Halte-là !..

RUY GOMÈS. Le roi !..

CHARLES. Oui, le roi, furieux contre vous, monsieur !... qu'est-ce, s'il vous plaît, qu'une conduite pareille ? vous à Madrid, et je n'en sais rien !.. De ma fenêtre je vous reconnais, j'envoie mon Inigo à votre recherche, il vous introduit, et quand j'accours... personne ! monsieur s'est enfui à travers une galerie, et l'on ne sait par où il a passé !

RUY GOMÈS. Pardon, sire, pardon !.. mais si vous saviez ce qui m'a contraint... ce qui m'oblige encore...

Il fait un mouvement, Charles le retient.

CHARLES. Tu ne m'échapperas pas ! te voilà, je te tiens et je te garde !.. Comment, après trois mois d'absence, quand j'ai eu à peine le temps de te remercier du service que tu m'as rendu... tu te souviens, la longue perche au-dessus du fossé ?...

RUY GOMÈS. Ah! sire, tout autre que moi...

CHARLES. Laisse donc!.. à toi seul tu as plus d'esprit que toute ma cour ensemble; aussi tu m'as plu!... tu m'as plu beaucoup... Tu ne sais pas comme ces trois mois m'ont semblé longs? comme il me tardait que nous eussions battu les Portugais, afin de te rappeler près de moi!... je n'y ai pas manqué dès qu'on est venu me dire : Sire, vous êtes victorieux!.. j'ai pris dans un petit coin mon ministre de la guerre, un gros, court, assez bon garçon, que j'aime un peu mieux que les autres, parce qu'il a l'air moins hypocrite, et je l'ai prié de te mander ici.

RUY GOMÈS, *étonné*. Je vous jure, sire, que je n'ai rien reçu.

CHARLES. Bah?.. ce n'est pas sur son ordre?..

RUY GOMÈS. Non, sire!.. c'est de moi-même que je suis venu à Madrid, que j'ai osé me présenter dans ce palais, malgré les ordres qui devaient m'enchaîner ailleurs.

CHARLES. Voyez-vous ce gros cafard de ministre de la guerre avec ses protestations!.. oh! il me le paiera!.. Dis donc, Ruy Gomès, tu as l'air de ne pas m'écouter?.. qu'as-tu dans la tête?

RUY GOMÈS. Ah! sire, ce n'est pas seulement dans la tête, c'est dans le cœur.

CHARLES. Dans le cœur?.. veux-tu respirer les sels de ce flacon?..

RUY GOMÈS. Hélas! tous les sels du monde ne feraient rien à mon mal.

CHARLES. Tu crois?.. ils m'ont pourtant joliment servi auprès des dames d'honneur de la reine, ma mère, pendant que vous vous battiez!.. ç'a été ma campagne, à moi, et qui n'a pas laissé que d'être fatigante, je t'en réponds!.. Elles avaient toutes la rage de lire les nouvelles de l'armée, et, ma foi,

PREMIER COUPLET.

AIR *du couplet au public de Mme Favart.*

Des Portugais les mousquetades
Semblaient venir jusqu'en ce lieu,
Car nos dames étaient malades
Du moindre choc, du moindre coup de feu!
Et moi, qui voyais leurs tortures,
Après chacun de vos combats,
Je pansais ici les blessures
Que l'ennemi faisait là-bas.

DEUXIÈME COUPLET.

Elles venaient, pâles et blêmes,
Dès le matin dans mon palais,
Et voulaient connaître elles-mêmes
De mes soldats tous les hauts faits;

Si bien qu'en voyant leurs figures,
Après chacun de vos combats,
On pouvait compter les blessures
Que l'ennemi faisait là-bas.

Je me rappelle une fois surtout qu'on parlait du régiment de Castille, qui a fait merveilles, à ce qu'on dit, et qui était toujours le premier au feu...

RUY GOMÈS. Ah!.. qui de nous n'eût affronté mille fois la mort?..

CHARLES. Tiens, c'est vrai!.. tu sers dans ce régiment-là!.. Un jour donc qu'on parlait de vos prouesses, la pauvre duchesse d'Ascoli est tout-à-coup devenue pâle... ah!..

RUY GOMÈS. Quoi, sire!.. il serait possible? la duchesse aurait daigné?..

CHARLES. Eh! mon Dieu! oui!.. elle a daigné se trouver mal!.. il m'a fallu lui tenir mon flacon sous le nez plus d'un grand quart-d'heure!.. Ce n'est pas amusant une femme qui s'évanouit.

RUY GOMÈS. Oh!.. il faut que je la voie à l'instant, que je la remercie...

CHARLES, *l'arrêtant*. Eh bien, eh bien! de quoi donc?.. est-ce que tu as perdu l'esprit?..

RUY GOMÈS, *à lui-même, regardant d'un côté du théâtre.* Grand Dieu!.. je ne me trompe pas!.. c'est elle qui revient de ce côté! (*A Charles.*) Une grâce, sire, une grâce!.. je vous en conjure à genoux!..

CHARLES. Est-ce que tu as besoin de te mettre comme ça?.. lève-toi donc!.. je t'entends bien mieux quand tu es debout!.. que me veux-tu?..

RUY GOMÈS. Sire... je vous en prie.... allez-vous-en!..

CHARLES. Que je m'en aille?.. voilà une singulière faveur que tu me demandes!...

RUY GOMÈS. En ce moment, c'est la plus précieuse pour moi.

CHARLES. Merci, mon ami Ruy Gomès!.. mais pourquoi donc veux-tu que je m'en aille?..

RUY GOMÈS. Il faut que je parle seul à cette dame qui vient par ici, il le faut absolument.

CHARLES, *regardant*. Cette dame?.. mais c'est la duchesse d'Ascoli.

RUY GOMÈS. Sans doute!.. la voilà qui approche!.. au nom du ciel, sire...

CHARLES. Allons, j'obéis, monsieur le lieutenant..... mais que va-t-on dire d'un roi que son sujet met à la porte?

RUY GOMEZ. Ah!... sire!...

Charles sort à droite.

SCENE VI.

LA DUCHESSE RUY GOMÈS.

LA DUCHESSE, *à elle-même, en entrant par le fond.* Il est encore ici !... Dieu soit loué !... (*Haut.*) Monsieur Ruy Gomès....

RUY GOMÈS, *s'élançant vers elle.* Ah !... madame !... je vous revois donc enfin ?...

LA DUCHESSE, *avec agitation.* Il est trop tard, monsieur, il est trop tard !. Écoutez, c'est l'humanité, c'est la compassion qui me ramènent vers vous : il faut que vous songiez à votre sûreté, que vous quittiez Madrid à l'instant même !.... Des ordres sont donnés contre votre liberté, contre votre vie.

RUY GOMÈS. Eh ! que m'importe... madame ?... vous êtes libre encore, vous !

LA DUCHESSE. Non, monsieur, je ne le suis plus... je ne le serai plus dans une heure.

RUY GOMÈS. Eh quoi ! madame.... vous signerez ?...

LA DUCHESSE. Il le faudra bien !

RUY GOMÈS. Qu'entends-je ?... Il serait donc vrai ?... Si je trouvais un moyen d'empêcher encore cette union, vous ne me maudiriez pas ?... vous l'espérez, vous le désirez peut-être ?...

LA DUCHESSE, *vivement.* Je n'ai pas dit cela !

RUY GOMÈS. Oh ! de grâce, laissez-moi une pensée qui me rend tout mon espoir.

LA DUCHESSE. Encore une fois, monsieur, écoutez-moi : il ne s'agit plus de toutes ces folies !.... Par une fatalité que je ne puis vous expliquer, quand j'ignorais ce que vous étiez devenu, c'est moi qui ai dénoncé votre retour au marquis ; ses soupçons se sont éveillés, et, ainsi prévenu, vos ruses, votre audace ne sauraient tromper long-temps sa vigilance : cessez donc une lutte inutile, qui vous perdrait sans retour ! Fuyez ! monsieur, fuyez !... la mort, voilà ce que vous avez à craindre du marquis de Santa-Cruz.

RUY GOMÈS. Ah !... dites-moi plutôt ce que j'ai à espérer de vous.

LA DUCHESSE. Mais rien... monsieur, rien !... et j'étais loin de soupçonner, je l'avoue, qu'après trois mois...

RUY GOMÈS, *à part.* Elle les a comptés ! (*Haut.*) Eh ! ne fallait-il pas vous mériter, madame ?... tâcher de devenir grand d'Espagne, général ? que sais-je ?... effacer cet odieux reproche d'ambition, ce nom humiliant d'enfant que vous m'aviez jeté pour adieu ?... Moi, un enfant !... ah ! j'aurais voulu vivre des siècles pendant ces trois mois !... me vieillir à force de gloire et de

blessures !.... malheureusement la gloire est capricieuse, et il n'y a pas de blessures pour tout le monde !...J'y ai travaillé sans relâche pourtant !... Dès qu'on a parlé de guerre, je me suis occupé de science militaire, j'ai tracé des plans de campagne.

LA DUCHESSE. Vous, monsieur ?

RUY GOMÈS. Oui, madame !... et, au milieu des commentaires de tous les grands capitaines, je suis parvenu quelquefois à vous oublier... pendant une heure !.. une heure tout entière !... jugez si je vous aime !.... Enfin la guerre a commencé : quel bonheur !... je pouvais penser à vous tout à mon aise, sans inconvénient, avec avantage même !... et la preuve, c'est que pendant une des mille distractions que votre souvenir me causait, j'ai reçu un magnifique coup de sabre qui, bien placé, pouvait me valoir dix années au moins !.. malheureusement il m'est tombé sur la tête, et ça ne se voit pas !... un éclat d'obus aussi m'avait atteint à la jambe ; on parlait de me la couper...

LA DUCHESSE, *vivement.* Quelle horreur ! Comment ?.. vous exposer ainsi ?...

RUY GOMÈS. Une large balafre au milieu de la figure, une jambe de moins, voilà qui m'aurait joliment vieilli !.... on n'aurait plus dit que je suis un enfant !... mais, hélas ! je n'ai pas de bonheur !.. En huit jours mon coup de sabre a été guéri, et, quant à ma jambe, j'en souffre bien encore un peu; mais je ne boite seulement pas !...

LA DUCHESSE. C'est bien dommage, en vérité !.. Allez, monsieur, vous êtes fou !..

RUY GOMÈS. Oh ! je vous en prie, accordez-moi encore du temps !... qu'il vienne une nouvelle guerre, et je vous promets...

LA DUCHESSE. De vous faire tuer, n'est-pas, pour n'avoir plus l'air jeune ?...

RUY GOMÈS. C'est un si grand crime à vos yeux !

LA DUCHESSE. Eh ! non, monsieur, non; je ne veux pas que vous mouriez, et je le prouve en venant vous avertir du danger qui vous menace.

RUY GOMÈS. Ah ! madame, le seul danger que je craigne, le seul auquel je songe, c'est ce funeste mariage...

LA DUCHESSE. Quand ma parole est donnée, quand le roi a engagé la sienne, puis-je résister ?...

RUY GOMÈS. Et si je le décidais à la retirer ?...

LA DUCHESSE. La retirer ?... mais..... comment ?...

RUY GOMÈS. C'est mon secret !...

CHARLES, *entr'ouvrant la porte.* As-tu bientôt fini?...

LA DUCHESSE. Ciel!... le roi!...

Elle s'échappe vivement du côté où elle est entrée.

SCÈNE VII.

RUY GOMÈS, CHARLES.

CHARLES, *arrivant en scène.* Tiens!... la duchesse qui s'en va en me voyant!... Est-ce que c'est moi qui la fais partir?...

RUY GOMÈS. Pardieu! ce n'est pas moi! vous arrivez là comme une bombe!

CHARLES. Ecoute donc!.. je t'avais prié de te dépêcher. Qu'avais-tu donc tant à lui dire?

RUY GOMÈS. Ce que j'avais à lui dire?... mais pourrez-vous me comprendre?

CHARLES. Il n'y a pas de doute que je te comprendrai... pourvu que tu parles en Espagnol.

RUY GOMÈS. Eh bien! sire, je suis amoureux de la duchesse.

CHARLES. Ah bah!...

RUY GOMÈS. Et si je ne l'obtiens pas, si elle n'est pas ma femme, j'en mourrai.

CHARLES. Mourir?... quelle bêtise!

RUY GOMÈS. Oh! plutôt que de renoncer à elle je poignarderais le marquis, j'enlèverais la duchesse, je mettrais le feu au palais.

CHARLES. Doucement!.. doucement!... sais-tu bien qu'il est à moi le palais?

RUY GOMÈS. Ah! si j'avais un ami?..

CHARLES. Un ami?... Et moi donc?

RUY GOMÈS, *s'inclinant.* Vous, sire?... ah! merci!... mais ce qu'il me faudrait, c'est le dévouement, c'est le ferme vouloir d'un homme.

CHARLES. Eh bien! qu'est-ce que je suis, s'il vous plaît?

RUY GOMÈS. Hélas! sire...

CHARLES. Voyons, monsieur, parlez!.. qu'est-ce que je suis?

RUY GOMÈS. Un enfant.

CHARLES. Un enfant?...

RUY GOMÈS. C'est du moins ce que tout le monde dit dans cette cour.

CHARLES. Les insolens!... quand j'ai quinze ans passés!.... quand je suis majeur depuis un mois!... que faut-il donc pour leur prouver ma puissance?

RUY GOMÈS, *vivement.* Donner des ordres au lieu d'en recevoir. Ne pas souffrir que votre gouverneur, en votre nom et sans vous consulter...

CHARLES. C'est vrai qu'on ne me consulte que jamais!.... tu m'y fais songer!...

Ah!.. c'est bon, c'est bon!... je leur ferai bien voir...

RUY GOMÈS, *vivement.* Aujourd'hui même si vous voulez, sire.

CHARLES. Comment cela?...

RUY GOMÈS. Roi d'Espagne et des Indes, maître absolu de tout ce qui vous entoure, vous avez le pouvoir de disposer de la main de la duchesse?

CHARLES. Sans doute.

RUY GOMÈS. Donnez-la-moi, sire!...

CHARLES. Ah! diable!.... je te la donnerais bien!... mais c'est que je l'ai déjà donnée au marquis de Santa-Crux.

RUY GOMÈS. Il ne l'a pas encore.

CHARLES. Il a ma parole.

RUY GOMÈS. Vous pouvez la lui reprendre.

CHARLES. Commencer mon règne par un manque de foi!.... Et envers qui? envers un homme qui m'accusera d'ingratitude, qui m'abandonnera!...

RUY GOMÈS. Est-ce que vous tenez à lui?...

CHARLES. Comme gouverneur, pas le moins du monde!... mais comme général, un moment!.... Sais-tu bien qu'il ne me gagnerait plus de batailles?

RUY GOMÈS. D'autres vous en gagneront.

CHARLES. D'autres?... Et qui donc, je te prie?

RUY GOMÈS. Moi, sire.

CHARLES. Toi?

RUY GOMÈS. Et ce ne serait pas la première.

CHARLES. Qu'est-ce que tu dis là?

RUY GOMÈS. Tenez, sire, lisez.

Il lui remet un papier.

CHARLES, *parcourant le papier.* Que vois-je!... C'est le plan de cette expédition qui a si promptement mis fin à la guerre!...

RUY GOMÈS. Et que j'ai fait parvenir au marquis sans me nommer.

CHARLES. Pourquoi donc?

RUY GOMÈS. Je craignais que son orgueil ne repoussât les idées d'un simple lieutenant, perdu dans les rangs de l'armée.

CHARLES. Ah çà! mais c'est donc à toi que je dois cette importante victoire?

RUY GOMÈS. Oui, sire!... Et pensez-vous que je m'en tiendrai là?... Nommez-moi seulement général, et vous verrez!

CHARLES. Ta, ta, ta!... Comme tu *es* pressé!... Tu n'es encore que capitaine, et tu veux que je te fasse général?...

RUY GOMÈS. Il faut bien commencer par quelque chose.

CHARLES. C'est juste!... Et, au fait, un homme qui a déjà gagné une bataille...

RUY GOMÈS. Sire ; mon bras, mon sang, ma vie, tout est à vous!... Ah! si vous vouliez enlever le pouvoir à ceux qui l'exercent en votre nom, et vous en servir pour remplacer tous ces vieux courtisans si incapables! si hypocrites! par des jeunes hommes pleins de cœur, de franchise et de dévouement, il n'y aurait pas un Espagnol qui ne vous bénirait.

CHARLES. Tu crois, Ruy Gomès?

RUY GOMÈS. Si je le crois? Vous en jugeriez bientôt vous même aux cris d'enthousiasme et de joie qui éclateraient partout sur votre passage.

CHARLES. Oh! que ce serait agréable!

RUY GOMÈS. Certainement que cela serait agréable! Et quand je pense que vous n'avez qu'un mot à dire... un signe de tête à faire, pour que tout le monde vous soutienne et vous seconde!... Mais c'est vous seul qu'on aime, sire, c'est de vous seul que l'Espagne attend son bonheur.

CHARLES. C'est étranges, quelles nouvelles idées tes paroles éveillent dans mon esprit, quels sentimens inconnus elles font naître dans mon cœur!... Le feu de tes regards, le son de ta voix, ton enthousiasme m'enivrent à tel point!... Il me semble que je ne suis plus le même!...

AIR *des Chaperons blancs.*

J'estime l'esprit et le zèle. (Avis aux Coquettes, Gymnase).

Oui, de nouvelles destinées,
Quand tu parles, s'offrent à moi :
Un jour me donne dix années,
Et d'un enfant tu fais un roi !
A mes pieds la cour se prosterne,
Du peuple je fais le bonheur,
Et puisque c'est moi qui gouverne,
Bon voyage à mon gouverneur.

ENSEMBLE.

CHARLES.

Oui, de nouvelles destinées,
Quand tu parles, s'offrent à moi !
Un jour me donne dix années,
Et d'un enfant tu fais un roi.

RUY GOMÈS.

Oui, de nouvelles destinées
Pour vous brilleront grâce à moi :
Un jour vous donne dix années,
Et d'un enfant je fais un roi.

CHARLES. Voilà qui est dit! Tu ne me quitteras plus; tu seras mon général, mon ministre, mon ami. Nous gagnerons des batailles ensemble!...

RUY GOMÈS. C'est comme si vous les teniez, sire!... Mais vous me donnerez la duchesse?...

CHARLES. Tu crois donc qu'elle t'aime?

RUY GOMÈS. J'en jurerais sur ma tête! c'est la vanité, c'est l'orgueil qui l'enchaînent au général?

CHARLES. Oui dà?... Eh! bien, il me vient une idée!... Qu'est-ce que tu es, toi? comte, marquis?

RUY GOMÈS. Hélas! sire, rien du tout, simple hidalgo, orphelin et le dernier de ma famille.

CHARLES. Là, voyez-vous!..... Voilà peut-être d'où vient tout le mal? Pourquoi ne m'avoir pas dit cela, il y a trois mois, quand nous étions à cheval sur la grande perche? Comment veux-tu qu'une duchesse épouse un simple hidalgo? Mais c'est égal, il est encore temps, laisse-moi faire, et attends ici !... Je vais dans mon cabinet chercher quelque chose... Attends, attends! Tu verras que je ne suis pas aussi enfant qu'on l'imagine.

Il sort à droite.

SCENE VIII.

RUY GOMÈS, *seul.*

Que va-t-il faire?... Oh! réussirai-je dans cette dernière tentative? Quel hardi projet!

AIR : *Vaudeville du brave Hussard.*

A mon rival pour ravir une femme,
Pour obtenir ce que j'ose rêver,
D'un prince enfant éveiller la jeune ame ;
Aux courtisans aujourd'hui l'enlever,
Voilà pourtant ce qu'il faut achever!
Bouleverser une cour, un empire!...
Pourrai-je atteindre au but de tous mes vœux ?
Et pourquoi pas? oui, le dieu qui m'inspire
Me dit : Vouloir c'est pouvoir, et je veux !

SCENE IX.

RUY GOMÈS, UN OFFICIER, DES SOLDATS.

L'OFFICIER, *entrant du fond.* Votre épée, monsieur.

RUY GOMÈS. Mon épée?...

L'OFFICIER. N'êtes-vous pas le capitaine Ruy Gomès?

RUY GOMÈS. Oui.

L'OFFICIER. J'ai reçu une mission du général marquis de Santa-Crux...

RUY GOMÈS. Ah! il m'a découvert!... Plus d'espérance!... (A lui-même.) Et le roi qui s'éloigne juste au moment... Je suis coupable, et déjà condamné sans doute?... Un rival est expéditif... et si mon royal ami ne me tire de là...

L'OFFICIER. Je vous attends, monsieur.

RUY GOMÈS. Que diable! vous êtes bien pressé !...

L'OFFICIER. Toute résistance serait inutile : au nom du roi, je vous arrête.

SCENE X.

Les Mêmes, CHARLES.

CHARLES. Comment? au nom du roi?.. Voilà qui est un peu fort!...

RUY GOMÈS, *à part.* Il était temps.

CHARLES, *à l'officier.* Quand donc vous ai-je donné l'ordre d'arrêter mon ami?... Montrez-le-moi, monsieur.

L'OFFICIER. Le voilà, sire.

CHARLES, *regardant.* Ah! mon Dieu!... (*A lui-même.*) C'est pourtant vrai!... Ils m'ont fait signer cela!... Et je n'en avais pas lu un mot!... Ah!... Ruy Gomès a raison, je n'étais qu'un enfant!... Je ne le serai plus, je m'occuperai maintenant de mes sujets, et c'est par lui que je débuterai!... Mais comment faire?...

RUY GOMÈS, *à part.* A quoi pense-t-il donc?...

CHARLES, *à lui-même.* Par quel moyen sauver mon ami, le rendre heureux, et jouer un bon tour à mon gouverneur?... Oh! quelle idée!... (*Haut, avec une gravité comique.*) Capitaine Ruy Gomès, vous avez déserté votre poste; vous avez encouru toutes les rigueurs de la loi; le premier devoir d'un roi est de la faire respecter; il est temps que je règne, vous l'avez dit vous-même, et je commence!... (*A l'officier.*) Monsieur, vous allez accompagner le coupable dans cette pièce, vous veillerez sur lui.

Il indique la porte à droite.

RUY GOMÈS. Qu'entends-je?... Est-il possible que votre majesté..?

CHARLES. Obéissez sans répliquer, monsieur!... Ah! un moment... attendez que j'aie écrit mes intentions.

RUY GOMÈS, *à part, pendant que le roi écrit.* Quel changement!... Lui qui tout-à-l'heure m'appelait son général, son ministre, son ami!... Que s'est-il donc passé? Disgracié! déjà!... Une heure de faveur!... Voilà du moins un favori qui n'aura pas fait de jaloux.

CHARLES, *lui remettant le papier.* Maintenant, monsieur, prenez cela et entrez.

RUY GOMÈS. Quoi! sire, vous ne daignerez pas m'apprendre...?

CHARLES. Rien du tout, monsieur..... sinon que vous êtes mon prisonnier!..... D'ailleurs vous aurez le temps de lire!..... Entrez.

Ruy Gomès et l'officier entrent sur un signe du roi.

SCENE XI.

CHARLES, *seul et sautant de joie.*

Bravo! bravo!... Oh! que je suis heureux de l'idée que j'ai eue là!... Nous verrons si l'on dira encore que je suis un enfant!... Ah! madame la duchesse, vous aimez un jeune capitaine, et vous épousez un vieux général!... Ah! mon cher gouverneur, vous voulez faire fusiller mon meilleur ami, pour être sûr qu'il ne vous prendra pas votre femme! Nous verrons!... Quel bon tour, s'il réussit!...

Air *de la Girouette.* (Chut! Gymnase.)

PREMIER COUPLET.

Lorsqu'en prenant mon air sévère
Je dirai : Messieurs, j'ai quinze ans,
Je verrai comber jusqu'à terre
Les plus fiers de mes courtisans,
Et pour qu'à ma cour l'on séjourne,   } *bis.*
Quand tout de bon je règnerai,
Je veux que chacun tourne, tourne,   } *bis.*
Tourne tant que je le voudrai.

DEUXIÈME COUPLET.

Dans cette cour on dit sans doute :
Pauvre roi, timide écolier,
Au dernier avis qu'il écoute
Toujours prêt à se rallier,
Dans sa tête rien ne séjourne, } *bis.*
Il fera tout ce qu'on voudra!... }
La girouette tourne, tourne, } *bis.*
Messieurs, elle se fixera. }

Ah! tout le monde vient de ce côté... C'est pour ce malencontreux mariage!... Patience! et tenons-nous ferme!.. Il s'agit d'être roi!.. oui, il me semble que ça commence! j'ai du courage.

SCENE XII.

MARIE D'AUTRICHE, LA DUCHESSE D'ASCOLI, SANTA-CRUX, CHARLES, un Notaire, Courtisans et Femmes de la Cour.

LA DUCHESSE, *bas à la reine.* Et je ne sais s'il a fui, s'il a échappé au danger...

MARIE, *bas.* Tranquillisez-vous!... quoi qu'il arrive, mon fils n'a-t-il pas le droit de faire grâce?...

SANTA-CRUX, *au roi.* Sire, voici le moment où votre majesté a promis de m'accorder la plus douce récompense de mes services : Mᵐᵉ la duchesse d'Ascoli et moi, nous venons réclamer l'exécution de votre parole royale.

CHARLES. Et vous êtes bien sûr, monsieur, que je ne la violerai pas.

SANTA-CRUX. Je n'en ai jamais douté, sire!... Le contrat est dressé, tout est prêt, et je vais signer.

Il va vers la table près du notaire et signe.

MARIE, *bas à la duchesse.* Ah ! çà , ma chère, vous ne dites rien? Vous allez donc vous laisser marier?...

LA DUCHESSE , *bas.* Que puis-je dire ou faire... si personne... n'arrive?...

MARIE, *bas.* Eh! mon Dieu, l'on se trouve mal!... Ça dispense de tout.

LA DUCHESSE , *bas.* J'ai juré qu'aucun obstacle ne viendrait de moi.

MARIE , *bas.* Et vous tiendrez parole?... C'est être aussi par trop bonne catholique.

SANTA-CRUX, *après avoir signé, s'adressant à Marie.* Votre majesté ne voulait pas croire à mon bonheur.

MARIE. J'y croirai désormais, monsieur. (*A part.*) Ainsi qu'à l'entêtement des femmes.

SANTA-CRUX, *présentant la plume à la duchesse.* Maintenant, madame, c'est à vous.

CHARLES , *à part.* Voyons si elle signera.

LA DUCHESSE , *qui a pris la plume des mains de Santa-Cruz. A part.* Personne ne vient... et j'ai promis!... (*Elle s'avance vers la table où est le notaire.*) Lui, qui se disait si sûr d'empêcher....

SANTA-CRUX , *remarquant son hésitation.* Eh! bien, madame?...

LA DUCHESSE. Me voici, monsieur. (*A part.*) Oh! non, il ne viendra pas!... il ne pense plus à moi... sans doute... il m'oublie... Allons !

Elle signe avec un mouvement de dépit.

MARIE, *à part.* Elle signe!...

CHARLES , *à part.* Elle a signé!... Décidément il paraît que mon ami Ruy Gomès se trompe!... elle ne l'aime pas. Nous allons bien voir!...

SANTA-CRUX , *à la duchesse.* Enfin vous êtes donc à moi, madame!... car il ne manque plus que les signatures du roi et de la reine. (*Il s'approche de Charles.*) Sire!...

CHARLES , *prenant le milieu de la scène.* Très-volontiers, mon cher gouverneur!... C'est bien le moins que je doive au zèle que vous avez montré pour mon service, il n'y a pas une heure encore.

MARIE. Qu'est-ce donc.

CHARLES. Oh ! la chose la plus simple!.. Un jeune capitaine de notre armée avait déserté son poste, un conseil de guerre l'avait condamné, et il a été arrêté en ce palais même, sur l'ordre du général Santa-Crux.

LA DUCHESSE , *à part.* Qu'entends-je?...

CHARLES. M. le marquis s'est servi de mon nom pour cela , et je ne puis que l'en remercier.

LA DUCHESSE, *à part.* Mon Dieu! qu'est-il devenu?.. je tremble...

SANTA-CRUX. Mais à présent, sire, l'instant est arrivé, où je me proposais de vous demander sa grâce...

CHARLES. Sa grâce?... il est trop tard, monsieur.

LA DUCHESSE, *à part.* O ciel!..

MARIE. Que dites-vous, mon fils?..

CHARLES. Je dis, madame, que ce jeune homme avait commis une faute qui méritait la mort, et qu'à l'heure où je vous parle, il n'y a plus de Ruy Gomès en Espagne.

SANTA-CRUX. Est-il possible?..

CHARLES. N'aviez-vous pas fait prononcer la sentence, et choisi vous-même les gens qui devaient l'exécuter?..

SANTA-CRUX, *à part.* Je ne puis concevoir...

LA DUCHESSE. Ah! c'est une atrocité!.. le véritable crime de ce jeune homme , sire, c'était son amour pour moi... voilà le motif...

SANTA-CRUX. Madame... je jure que mon dessein ne fut jamais...

LA DUCHESSE. Oh! c'est horrible!.. Une fois déjà, vous avez voulu le faire périr sous le feu des ennemis... vous trembliez qu'il ne parvînt à toucher mon cœur..... eh bien! maintenant qu'il ne peut plus m'entendre, maintenant que vous avez abusé de votre pouvoir et de ma confiance, je déclare devant le roi, devant toute la cour, que je retire ma parole , que je ne serai jamais à vous, que je l'aimais... et que je vous maudis!..

MARIE, *à part.* Il est bien temps!

CHARLES, *à part.* A merveille!

SANTA-CRUX. Madame!.. encore une fois...

LA DUCHESSE. Vous l'avez fait saisir , vous l'avez condamné, vous!.. ah! je le répète, je vous maudis... Plus rien de commun entre nous... et, pour preuve, je déchire ce contrat, et je le foule aux pieds.

CHARLES, *à part.* Me voilà dispensé de le signer.

SANTA-CRUX, *à part.* Plus d'espoir!

MARIE. Ma chère duchesse...

LA DUCHESSE. Souffrez, madame, que je quitte pour jamais la cour.

CHARLES. Doucement, s'il vous plaît, madame, doucement... votre avenir dépend de moi, vous ne l'ignorez pas; j'avais promis de vous marier au marquis de Santa-Cruz... vous ne voulez plus de lui, vous en aimiez un autre... ce n'est pas ma faute... Mais à présent, que, par suite de votre refus, je suis maître de disposer de votre main, j'en dispose, et je la donne à mon majordome.

LA DUCHESSE. Que dites-vous, sire?...

MARIE. Comment! mon fils?.. mais votre majordome est mort d'une indigestion, il y a trois jours.

CHARLES. Apparemment ce n'est pas à celui qui est mort que je la marie, mais à son successeur... si toutefois il lui convient, car je ne puis ni ne veux contraindre les sentimens... Marquis de Santa-Crux, prenez cette clef, et veuillez ouvrir cette porte.

SANTA-CRUX. Moi, sire?

CHARLES. Vous-même... faites ce que j'ordonne.

LA DUCHESSE. Jamais, sire, jamais!

CHARLES. Qui sait?.. attendez... et regardez... la vue n'en coûte rien.

SCENE XIII.

LES MÊMES, RUY GOMÈS.

LA DUCHESSE. Grand Dieu!

MARIE. Que vois-je?

SANTA-CRUX, *qui a reculé après avoir ouvert la porte.* Ruy Gomès!..

CHARLES, *vivement.* Vous vous trompez! ne vous ai-je pas dit qu'il n'y a plus de Ruy Gomès dans mon royaume?.. j'ai ratifié l'arrêt de mort encouru par le capitaine, et je ne lui pardonne point... mais je présente à ma cour le duc de Casa Fiorès, grand d'Espagne de première classe, et majordome mayor de Charles II.

VOIX, *parmi les courtisans.* Oh! oh! oh!

RUY GOMÈS. Ah! sire, vous me comblez...

CHARLES, *bas.* Souviens-toi donc de la grande perche.

MARIE, *à part.* Le petit scélérat y est parvenu.

RUY GOMÈS, *à la duchesse.* Ah! madame, tous ces titres ne sont rien pour moi; il n'en est qu'un seul que j'ambitionne, vous le savez... Me l'accorderez-vous?

LA DUCHESSE, *lui tendant la main.* Puis-je le refuser maintenant?

SANTA-CRUX, *à part.* J'ai été joué!

CHARLES, *à part.* Je suis content de moi, j'ai largement payé mes dettes à mon cher gouverneur.

SANTA-CRUX. Après un tel affront, sire, je n'ai plus qu'à me retirer de la cour, et quand viendra le moment du péril, vous chercherez en vain celui qui, plus d'une fois vous a donné la victoire.

CHARLES, *à demi-voix.* Prenez garde que je ne le trouve, et que je ne vous prenne au mot... j'ai entre les mains le plan de certaine bataille...

SANTA-CRUX. Comment?..

CHARLES, *de même.* Croyez-moi, soyons bons amis, et nous passerons tout cela sous silence... vous perdez une femme, mais la gloire vous restera. (*A la reine.*) Eh bien! madame, direz-vous encore que je suis un enfant?.. Pour un écolier, n'ai-je pas assez bien mené tout cela!

MARIE. A merveille, mon fils; mais prenez garde à l'homme dont la devise est: Vouloir, c'est pouvoir!

AIR : *des Chaperons blancs.*

TOUS.

D'une nouvelle destinée
L'Espagne reconnaît la loi,
Car par lui dans cette journée
Un enfant est devenu roi.

FIN.